岡野守也

# コスモロジーの創造

禅・唯識・トランスパーソナル

法藏館

コスモロジーの創造―禅・唯識・トランスパーソナル―＊目次

## 宗教から霊性へ



# II　霊性の心理学へ

## 禅と深層心理学

## 日本の伝統とトランスパーソナル



## 唯識は二十一世紀を拓く



# III　コスモロジーの創出のために

## コスモロジーの創出のために

## 少女売春と殺人――なぜいけないのか



装幀　高麗隆彦

# コスモロジーの創造

禅・唯識・トランスパーソナル

# 序　日本人の心はなぜ荒廃したのか

「どうして日本はこんな国になってしまったんでしょう」という、嘆きと疑問の入り交じった声を、あちこちで聞く。

私は、キリスト教の牧師として十一年、その枠に収まりきれず、編集者として心理学・仏教書などの企画出版に関わって二十一年、さらにそこにも留まれず、仏教の深層心理学・唯識やトランスパーソナル心理学に関わる私塾的な研究・学習機関を主宰して八年、それぞれ重複があって計約三十年、宗教・霊性・意識に関わる仕事を持続してきたが、特にこの十年あまり、講演や講義の折にしばしば、そういう質問を受けるようになった。

実際、毎日のように、ある種絶望感を感じさせられるほど、日本人の心が荒廃していることを示す事件が報道されている。具体的な事例を羅列する必要はないだろう。ともかく、社会の責任ある地位にある大人たちの事件（政・官・財の癒着、贈収賄や、教育者や警官の不祥事などなど）から、若者や小・中学生の例（いじめ、非行、凶悪犯罪、自殺、学級崩壊などなど）に到るまで、心の荒廃はすさまじい勢いで進行しているように見える。

その荒廃は、「自分が大事なんだから、ひとも大事にしなければならない。だから、悪いことをしてはいけない。できるだけ、いいことをしよう」という、自分＝個人の尊厳に基礎を置いたヒューマニズム的な倫理観では押しとどめることができない、と私は考えてきた。

戦後日本人の倫理観のいわば基準値は、「社会─人類の進歩に貢献することはいいことだ」が、特にそれをしなくても、「人に迷惑さえかけなければ、自分のしたいことを自由にしていい」というところから出発した。ところが戦後五十年あまりを経て、「法律で決められていて違反すると処罰されることでなければ、何をしてもいいじゃないか。自分の勝手だ」へ、さらに「ばれなければ処罰されないから、隠れて自分勝手なことをすればいい」、ついには「なぜ悪いこと（例えば殺人）をしてはいけないのかわからない」、「処罰（例えば死刑に）されることも覚悟しているから、ばれてもかまわない。もう自分勝手にすることを止めるものは何もない」というところまで、精神の荒廃は極限まで進んでいるのではないか。

多くの事件は、そうした内面の荒廃──価値と倫理の根拠が見失われていること、つまりニヒリズム──が極端なかたちで外面化・行動化《アクティング・アウト》したものだと思われる。

ちょうど十年ほど前の第一作『トランスパーソナル心理学』（青土社）の段階ですでに私は、近代のニヒリズムはヒューマニズムでは超えられないと主張した（この認識は私のオリジナルではなく、戦後間もなく、西谷啓治先生が『ニヒリズム』（現在、創文社版著作集第八巻に収録）などの著作できわめて明確に提示されていたものだが)。しかし、その処女作ではまだ、西欧を中心とした「近代」一般の問題として捉えるという面が強く、「なぜ、私たちの国日本が、こんな国になってしまったのか」という、より具体的な状況についての問いと答えは十分ではなかった。

この十年、さまざまな事件に問いかけられ、またさまざまな方の質問に触発されながら、なぜこんなことになってしまったのか、いろいろと考え、いろいろに答えてきた。

そうした中で、ある時ふと、「こんなふうになる前はどうだったのか」という考えが浮かんだ。そして、「かつて日本人の心を支えていたものは何だったのだろう。神・仏……待てよ、それだけでなく、天、天地自然、ご先祖さま……そうか、そうした人間を超えた大いなる何ものかへの信が、日本人の心を支えていたのではなかったか」と思い到った。

そこで思いついて、機会がある度に、五十代以上の世代の方に、「子どもの頃、悪いことをした時、親に何と言って叱られましたか」という聞き取りをした。

すると、予想通り、いくつかの典型的な答えが返ってきた。

「罰があたるぞ」、これは考えてみると、神か仏の罰である。

「うそをつくと、閻魔さまに舌を抜かれるぞ」、「地獄に堕ちるぞ」、これは明らかに仏教の神話的世界観に基づいている。

「人は見ていなくても、お天道さまは見ているんだぞ」、これは民俗神道と儒教の習合した天あるいは自然崇拝であろう。

そして、きわめつけは、仏間で正座させられ、仏壇を背にしたお母さんに「おまえがこんなに悪い子になって、お母さんはご先祖さまに申し訳がたたない」と泣かれた話である。よほど崩れた子どもでないかぎり、これは心に深く刺さり、「本当に悪かった」という気持ちを湧き起こさせたもののようだ。これは、いうまでもなく祖霊崇拝である。

詳しくは本文にゆずるが、私は、かつて日本人の心——意味や倫理——を支えてきたのは、神道、仏教、儒教のどれか一つではなく、それらが「習合」した世界観・コスモロジーであり、それは一見、論理的にはあいまいに見えるが、心情的には実はきわめて安定したものだったのではないか、と考えるに到り、それを「神仏儒習合のコスモロジー」と呼ぶことにした（道教も加えるべきだろうが、煩わしくなるので儒教で代表させる）。それは、特定の「宗教」というより、日本人全体が暗黙のうちに合意している共通の「霊性」への直観だったのではないか。

欧米では、近代合理主義・物質科学主義が社会の主流になった時、「神の死」すなわちニヒリズムが到来したと言っていいだろう。そして、遅れて近代化を余儀なくされた日本では、つい最近になって、本格的な「神・仏・天・祖霊の死」「神仏儒習合のコスモロジーの崩壊」という出来事が起こりつつあるのではないだろうか。

それは、すでに明治の文明開化・近代化に始まっていたが、戦後のアメリカナイズ——特に公教育における物質科学主義と個人主義的民主主義の行き過ぎ——を経て、いまや決定的になりつつある。

重要なので繰り返すが、現在の日本人の精神的・霊性的荒廃のもっとも根底にあるのは、「神・仏・天・祖霊の死」「神仏儒習合のコスモロジーの崩壊」ではないか、と私は推測している（それだけが唯一の原因ではなく、そこには複雑な社会構造・社会心理的な要因が重なっているのだが）。

そうした推測を確かめるために、あるキリスト教系の大学の集中講座を担当した折、十五名の受講生に聞いてみた。「人間は死んだらどうなると思っていますか」と。

回答は、「灰になる」「無になる」が十名、「輪廻転生のようなことを信じたい」が二名、「死後の復活を信じています」が二名、そして「自分は死ぬが、自分のしたことはあとの人に残っていく」が一名だった。

さすがにキリスト教系の大学でクリスチャンの学生もいるので、「復活を信じている」が一三パーセント強あり、輪廻、つまり仏教的な神話を「信じたい」（「信じている」という断言ではない）も一三パーセント強あるが、合わせても、三分の一にならない。

三分の二の学生は、人間は結局のところ「モノ」の組み合わせや働きであり、死んだらその組み合わせが個々のモノ＝灰に分解しておしまいだと信じているのだ。しかも、モノに分解してしまったら、あとは「無」も同然だと思っている。これは、まぎれもなくニヒリズムではないだろうか（授業の中で討論していくうちに、「自分では、そこまではっきり考えていませんでしたが、言われてみると、ニヒリズムなんでしょうね」という自己認識が出てきた）。

そして、「自分のしたことはあとの人に残っていく」というヒューマニズム的な世界観・人生観を語った――しかも自信なさそうに――のは、十五名中たった一名、つまり七パーセント弱だった。

最近の文部省の科学研究費を受けた大規模な研究プロジェクト「日本人の宗教意識と行動」の報告などを見ても（『新宗教新聞』二〇〇〇年一月二十五日号参照）、「信仰や信心を持っている」という回答は、全体としては二七パーセントであり、特に二十代になると一二パーセントだという。逆に言えば、日本人の七三パーセントが神仏・宗教を信じておらず、若者になると、なんと八八パーセントが信じていないのだ。これは、私の学生への聞き取りの結果とよく対応している。

戦後の物質科学主義的世界観・コスモロジー――すべてをばらばらに分析・分解して個々のモノに還元して捉えるという方法と、それに基づいた近代科学のある段階の成果にすぎないものを、唯一絶対に正しい世界像であるかのように信じ込む態度――は、それが人間に適用され、そして自分もモノにすぎないという結論にまで到った時、必然的にニヒリズムを招く。モノには、法則や論理はあるとしても、絶対的な意味や倫理があるとは考えられないからである。

近代合理主義―物質科学主義的コスモロジーが日本を覆った時、「神仏儒習合」的コスモロジーが崩壊し、意味と倫理の根拠が見失われ、ニヒリズムが社会全体に蔓延しつつある。そして、ニヒリズムの具現化と見なすことのできる事件が頻発している。そうした状況に対して、戦後ヒューマニズムは決定的に有効性を失っている。それが、今の日本の基本的状況なのではないか。

もしそう捉えることができるとすると、では、どうすればいいのか。

どんなに安定しており、心を支えるものであったとしても、科学以後の人間が、過去の神話的・

宗教的な「神仏儒習合」のコスモロジーに帰るわけにはいかないのではないか。もし、物質科学主義的コスモロジーが最終的・絶対に正しいのなら、ニヒリズムも必然であり、やむを得ないのではないか。だとすると、日本人の倫理的崩壊も、あるがまま、なるがままでしかありようがないのではないか……という反論的疑問もありうるだろう。

しかし、それに対する私の答えは、前半に対しては「イエス」、後半に対しては「ノー」である。

この十年あまりの模索を通して私は、日本の精神的な伝統である「神仏儒習合」的な霊性と近代の理性・科学・ヒューマニズムの、それぞれ意味ある妥当な側面を両方とも「含んで超える」コスモロジー、私たち現代の日本人に、見失っていた意味と倫理の根拠を示し、再発見させてくれる新しいコスモロジーの再創造は可能である、そしてそういうコスモロジーの再創造・再獲得こそが、私たちの国の未来を拓くだろう、と考えるに到った。

現在の私は、神仏儒習合の中に秘められてきた仏教の深層心理学・唯識の英知と、東洋の霊性と西洋の理性の統合ともいうべきトランスパーソナル思想（とりわけケン・ウィルバーの仕事）の二つが、そのための中心的なヒント・核になるのではないか、と考えている。

これも詳しくは本文にゆずるが、ごく要点だけ述べておこう。

近代の物質科学主義が捉えた宇宙は、「私」と分離して向こうにある対象として想定された、すべてがばらばらのモノの寄せ集めにすぎないが、それは限定された「宇宙像」にすぎない。

本当の全宇宙《コスモス》は、事実としても定義上も、私を含んでいる。私は、全宇宙の一部である。だとすると、私のいのちも、私の心も、宇宙の一部である。だから、宇宙には、モノがあるだけではない、いのちも心もある。そういういのちと心を含んだ宇宙――しかもそれは静止した存在ではなく、ダイナミックに進化・自己組織化・複雑化し続けている。私もあなたも、そういう宇宙のダイナミックな働き・現われの一つであり、そして人間はある意味でその宇宙の自己進化・複雑化の到達点ということもできる。そこに、私たちが人間として生死する意味と生きるべき道筋＝倫理の根拠があるのではないか。

このような「全宇宙と私の一体性」という思想は、合理精神や現代科学の成果と矛盾しない。しないどころか、それを「含んで超える」思想である。それこそ、私たちの未来を拓きうる思想なのではないだろうか。振り返ってみると、日本の精神性の伝統である「神仏儒習合」にあったのも、「自分を超えた大いなる何ものかと一体である私」というコスモロジー的直観・霊性だったのではないだろうか。

私たちは、宗教と理性双方の妥当な面をすべて含みながら、神話的宗教の根本的欠陥を克服し、しかも近代の限界であるニヒリズムを超えることができるかもしれないという、精神史的な分岐《ターニング・》点《ポイント》に立っているのではないか。

本書は、この十年あまりの、そうした模索と解答の試みの集積であり、さまざまな機会に発表した文章を集めたものである。

論じた内容すべてを素材として、新たに一書を書き下ろすことも考えたが、それにはかなり時間が必要である。日本人の心の荒廃の深刻な現状を考えると、むしろなるべく早くこれまでの発言をまとめて、多くの心ある読者が状況を読み、場当たり的でない根本的な対策を考える上での参考にしていただくほうがいいのではないかと思った。

さらに、自分に引きつけて言えば、新しいコスモロジーの創造に向けて、一九九八年秋から、従来の教育・研究機関の限界を超えるための新しい学びの場――サングラハ・オープンカレッジ――を創設し、展開中であり、そこでの基本テキストにもしたいと思っている。

また、個人的なことだが、自分のささやかな発言の歴史をまとめて記録しておきたいという思いもいくらかあった。

そういう意味で、最小限の訂正を除き、発表した時の原形をとどめたので、論旨に繰り返しや重複もあるが、ご了承いただきたい。またこれはこれで、音楽に譬えると、「主題と変奏」風に読んでいただくこともできるのではないかと思っている。

本書の提言に対し、ぜひ、日本の現状への憂慮を共有する読者から、感想、助言、批判などをいただきたいと願っている。

# I

# 宗教から霊性へ

# 〈宗教〉に未来はない

## オウム被害者の死をムダにしないために

「宗教に未来はない」、しかし「近代主義にも未来はない」、未来は「宗教から霊性へ」という方向にあると、公的な場でものを書き始めて以来、基本的にはずっとおなじことばかり繰り返してきた（たとえば、『トランスパーソナル心理学』一九九〇年、青土社、吉福伸逸氏との対談『テーマは〈意識の変容〉』一九九二年、春秋社、など）。

そういう意味で、既成宗教だけでなく、新宗教、新新宗教に関しても、早くから発言の機会があるかぎり、警告し続けてきた（たとえば『イマーゴ』一九九〇年一月号「心理イメージが支える宗教ブーム」、九二年二月号「危機意識――理性と霊性の統合に向けて」、私の提案によるシンポジウムの記録『宗教・霊性・意識の未来』一九九四年、春秋社、など）。

とはいっても、それが、特定の宗教の教義や行動ではなく、〈宗教〉全体への原理的な批判であったためか、どの宗教からもよかれあしかれ、ほとんど反応はなかったが。

また、具体的なカルト的なグループに関わることについては、私の講座やワークショップの参加者から意見を求められるたびに、「とめる権利はありませんが、できればよしたほうがいい、と私は思います。かくかくしかじかの理由で」と忠告してきた。

しかし、きわめて残念なことに、これまでのところ私の発言は、比較的少数の読者の目にとまって若干のご参考になったにすぎず、宗教に関わる問題・事件の発生を未然に防ぐ上での影響・効果はほとんどなかったようだ。

しかし、このたびのオウム真理教をめぐる事件を、多くの被害者を生んだ、たんなるスキャンダルといったものに終わらせず、亡くなった方々の死をムダにしないためには、私たちが、そこから大きな歴史的な教訓——ここのところまったくはやらない言葉だがあえて使いたい——を読みとらなければならないのではないだろうか。

また私たち日本の市民が賢明であれば、時代の精神が進みうる道は「宗教でも近代主義でもなく霊性へ」という方向以外にないことの気づきが、広く社会的に共有されていく機会に転化できるかもしれない。それ以外には、深い意味で被害者の魂を鎮める道はないのではないか、と私は考えている。

## 「現代＝日本の近代」の二重の危機

近代を、人間の理性—科学—技術という能力を基礎とした限りない進歩を目指す思想＝「近代主義」が主流となった時代として捉えれば、明治以降、日本もいやおうなく近代主義の徹底＝近代化を迫られ、それに対応してきたといえる。そして近代化路線は、日本でも世界全体としても行きづまりつつある。

つまり日本は、いま基本的には、二重の大きな危機に直面していると思う。すなわち、「日本教の崩壊」と「環境の崩壊」という二つの危機である。これは、欧米における近代の危機と重なった、しかし「日本の近代」の危機であるといっていいだろう。

私の見るところ、新宗教—新新宗教は、現代日本が直面しているそうした二重の危機への、深層心理的・神話的対応である。

つまり、ユングふうにいえば、人間の心の深層には、人生の安定性や意味を保証する大きな物語＝神話・世界観と関わる領域があり、大きな社会変動の時期に、日々の不満・不安な体験のイメージが深層に蓄えられていくと、やがてある個人の中に、それらの不満・不安をまったく克服した理想の社会（「至福の千年王国」「ユートピア」）の神話的イメージが生まれて来ることがある。そして、その神話的イメージは、時に、ある人々にとっては、科学的なデータやプランよりも、はるかに深層心理的・心情的な説得力をもつことがあるのだ。

## 日本教の崩壊

復習になるが、大事なことなので見ておくと、徳川三百年、日本人の生死は、神仏儒習合的な世界観の枠のなかにあった。そこでの生死の意味は、自然の営みと調和した人間の営みの営々たる持続、「お家」の安泰・持続、「先祖」と「子孫」のつながりの永遠といったところに基盤があった。そうした世界観は、封建的な身分制による抑圧や搾取、因習的な規範による束縛、非合理的な迷信・盲信などと分かちがたく結びついていたこともまちがいないが、にもかかわらず心理的な安定性からいえば、圧倒的な保証になっていた、と思われる。

ところが、日本は、幕末―明治維新にかけて、欧米の圧倒的な科学・技術・軍事力に迫られ、欧米の近代主義―科学主義的な世界観をそうとう程度導入せざるをえなくなった。しかし、技術・産業以外の生活の場面では、神道を絶対視して儒教的なものは温存し、仏教は格下げするという方法(神仏分離)で、欧米の近代主義的―科学主義的―物質還元主義的な世界観が日本的な価値観を侵食することを巧みに防止した。いわゆる「和魂洋才」である。

さらにところが、第二次大戦敗戦後、公的な場から宗教は一切排除され(政教分離)、科学主義と表裏一体の民主主義的・個人主義的なヒューマニズム、つまり近代主義が唯一正しい世界観として流通することになった。「信教の自由」の保証によって、個人や特定の集団がある宗教的世界観を信奉することは許容されたが、それはあくまでも許容・容認であって、全面的な承認ではない。科学主義―個人主義―近代主義が日本の正統的な世界観になってから、戦後五十年＝半世紀が経っていることは、あまりにも当たり前のこととして見過ごされがちだが、現代の精神状況を論じる上では、ぜひとも注目しておくべきことだと思う。

つまり、宗教法人立の私学を別にして、公教育の場では、近代主義が徹底された。戦後生まれの国民の多数は、結局は無神論である科学主義と、つねに個人主義への傾きをもった民主主義を、もっとも正しい考えとして教えこまれてきた。このことのもつ精神史的な意味は大きい。

戦後から最近まで、上の世代――戦前の教育を受けてきた世代、およびそういう親の影響の残っている世代――の日本人のそうとうな部分は、意識の上で、公的な場の建て前としては近代的な無宗教と民主主義の立場に立ったように見えて、本音や深層では〈家〉や〈村〉や、それに代わる疑似家族・疑似村である〈会社〉などの集団主義と、それを支える神仏儒習合的な価値観、いわゆる「日本教」を信じ続けてきたのではないだろうか。

「あなたの宗教は」と聞かれると「無宗教」と答える人の多くが、初詣をし墓参りや法事を怠らないという現象のなかに、そうしたなかば無意識的で巧妙な「使い分け」が見られると思う。

そういう意味では、欧米の人々が絶対的な世界観であるキリスト教の権威の失墜、いわゆる「神の死」に直面したのと同質の精神的な危機は、日本人にとって、ごく最近まで一部の意識過剰な知識人だけの問題であったように思われる。日本の大衆は、深層は日本教、表層は無宗教・科学主義という「使い分け」をすることによって、後述するように近代主義の内包する限界であるニヒリズム―エゴイズムに直面せず、巧妙にやりすごしてきたのではないだろうか。

しかし、すでに半世紀にわたる公的な場、とりわけ公教育の場における近代主義の貫徹によって、若い世代には科学主義的な世界観＝無神論が浸透し、また社会・経済の近代化ないし超近代化の進行とも対応して個人主義が蔓延し、家や共同体を基盤にした価値観・世界観が崩壊しようとしている。

つまり、若い世代にとって、もはや建て前は近代主義、本音は神仏儒習合の世界観という「使い分け」の意味がわからなくなり、それをしっかりと受け取り伝えようという意欲がほとんどないという状況になっている。近代主義とそれに必然的にともなうニヒリズム―エゴイズムが深刻な問題となりつつある。ここに到って、日本人は初めて欧米人にとっての「神の死」にほぼ相当する「日本教の崩壊・死」という、精神の基盤の根本的な危機に直面しつつある、といっていいのではないだろうか。

## 無意味さに堪えられる人間と堪えられない人間

とはいっても、すべての人間が、いつも生死の意味を問いながら生きているわけではない。意味など問わなくても、とりあえず、もうかったり、うまくいったり、おもしろかったり、楽しかったり、はりがあったり……していれば、それでいいという人間の数は決して少なくない。

しかし、意味を問いたくなる人間もいるのだ。あるいは、人により状況によって、自分の生死の意味を支える絶対的な価値の体系・物語を求めざるをえなくなることもある、という言い方のほうがいいかもしれない。

現象的にいえば、自分の生死の意味をつかみたいという欲求（宗教的欲求、というか霊性的欲求・自己超越欲求）は、いつでもどんな人にでも自覚されるわけではない。生死が無意味であるということを自覚しない人間もいれば、自覚しても堪えられる人間もいるのかもしれない。

しかし原理的には、すべての人間にとって、自分がかけがえのない存在でありながら、しかも危うくはかない存在であるということは、基本的な事実である。このかけがえないにもかかわらずはかないという基本的矛盾を意識し、切実な霊性的な不満＝欲求（need）、切望を感じる人間、無意味さに堪えられない人間もいるのだ。

ところが、近代主義の世界観は、物質還元主義の科学と分かちがたく結びついており、原理的にいって、そうした切望を満たす根拠をもっていない。〈もの〉に意味があるわけはなく、〈意味〉を感じるという作用は人間の脳という〈もの〉の働きにすぎない。

しかしそうした認識、物質科学主義的な世界観の無意味さに堪えられず、もう一度、あえて宗教に戻りたくなる人も出てくる、ということなのだ。

### 環境の崩壊

もう一つ、これは日本人だけのことではないが、現代世界の直面している根本的な危機は、「環境の崩壊」という危機である。その具体的内容については、すでに十分すぎるほどの文献があるので、繰り返さない。ここで指摘しておきたいのは、「環境の崩壊」という危機の状況と情報の、日本人にとっての精神的な意味についてである。

すでに明らかになっていることだと思うが、「環境の崩壊」を招いたのは、自由主義経済と社会主義経済のどちらか一方ではない。どちらの体制も、環境汚染・破壊という意味では、そうとうなことをやってきている。そして、どちらの体制も、現段階で本質的に有効な政策を示しえているとは思えない。近代の科学―技術と対応した産業主義は、無尽蔵の資源と自然の無限の浄化力という、事実に反する仮定を無意識的な前提として営まれてきたのであって、いまのところ右であれ左であれ、「有限な地球」を前提にした、本当の意味で「持続可能な」社会のヴィジョンを提示しえているようには見えないのだ。

欧米の産業主義に「追いつき追い越せ」と努力してきた日本も、事情は同じである。百年あまりかけて、いったん産業主義的な社会組織を作り上げてしまうと、方向転換はそうとうに困難である。既成組織の既得権を保護しながら、しかも既成秩序とは根本的といってもいいほど違った秩序を創出するというのは、ほとんど神業《かみわざ》であろう。

環境の危機を考えると、近代の産業主義社会が「このままではやっていけない」ことは確かなように見える。しかし、これまでのしがらみは「なかなかやめられない」。では、どうすればよいのか。

短期と長期の両面で、人類、あるいは日本国民の大多数にとって有効・妥当であり、希望があって魅力的な政策・ヴィジョンといったものが、うまく見えてこないのである。景気の先が見えないとか、世界の政治の先が読めないのも、不安の種だが、この行き詰まり感は、より根深いところで、日本人の精神をむしばんでいるのではないだろうか。

かつての日本人は、どこか「国破れて山河あり」の感覚をもっていたといわれる。「人間のやることに浮き沈みはあっても、自然は変わらない」という安心感である。そういう意味では、「悠久の山河」は、私たちにとって、ほとんど神に近いものであった。いや、実際、多くの山は神と崇められていたのだ。

ところが、個々の山河どころか、地球環境全体が危ないというのである。しかも、そのための迅速で有効な対策はいっこうに提示されない。いくらか提示されても、実行されない。環境の崩壊という危機は、実際的にもだが、精神的な意味でも、日本人にとって足元から揺るがされるような根本的な危機なのではないだろうか。

## なぜ「〈宗教〉に未来はない」か

### 〈宗教〉の定義

まず明確にしておくと、未来がないという〈宗教〉とは、みずからの派の教祖―教師、教義、教団、儀式、修行法などの絶対視、つまり言葉の悪い意味での「信仰」と「服従」を不可欠の条件として、人を富や癒しや調和、生きがい、安心、あるいは救い、死後の幸福な生命、悟り……といった肯定的な状態へ導く（と自称する）システムとグループを指す。

これには、別にオウム真理教だけではなく、私の知りえたかぎりでの大多数の既成宗教、新宗教、新新宗教が含まれる（「すべて」ではない）。もちろん、競争相手としてのオウムの没落を喜んでいるらしい他の宗教も含む。そしてこれには、一見非宗教的であっても、自己絶対視の体質を抜けられない〈イデオロギー〉をも含めるべきだろう。

### 自己絶対視と敵意

何を根拠にしようと、自己絶対視は、かならず人を敵と味方に分断する。敵を生みだす思想は、かならず敵意を生み出す。

自己を絶対とみなしている宗教やイデオロギーにとって、自己の味方でない他者は、せいぜい布教し、改心させる（時には洗脳する）対象ではあっても、そのままで認めうる存在ではない。そして、いくら布教しても信じない他者は、哀れむべき存在であり、それにとどまらず、布教に反対する者は憎むべき呪われた存在とみなされることになる。

事と次第では、神（人類、人民、民族、国家、正義、真理……などに置き換えてもおなじことだが）に反する者は、神に呪われたものであり、したがって神に代わって我々が殺してもよい、という結論にまで到る。

建て前上、「布教・説得はしても強制はしない」などと寛容な構えを見せても、自己絶対視は心情としていやおうなしに敵意、すなわち憎悪・殺意を含んでしまう。だから、寛容でありうるのは、集団がまだきわめて小さいか、あるいは逆にかなり大きくなって余裕がある時のことであって、余裕がなくなると、とたんに敵意を剝き出しにする。

しかも行き詰まると、「敵」は、外だけでなく内にもいるように見えてくる（『うまくいかないのはあいつのせいだ』などと）。したがって、憎悪・殺意は、ほとんど必然的に、外だけでなく内にも向かう。

それが「宗教」だけではなくすべてのイデオロギーに秘められた心情の問題であることは、すでに、ナチズムや日本の天皇制ファシズム、共産圏におけるスターリニズムの悲劇的な現象などによって、明確になったのではないだろうか。とりわけ日本では、一九六〇年代末から七〇年代始めの新左翼の内ゲバ事件、なによりも連合赤軍浅間山荘事件によって、社会的なイメージ、常識として、あまりにも明らかになった、と私は思っていた。が、かならずしも市民全体のレベルではそうでもなかったらしい。

「人間は歴史から学んだことなどない」といったのはヘーゲルだったと思うが、残念ながらいまのところ、かなりの程度そうであるらしい。歴史は、事実だったとしても、過去の事実は、そのままでは忘れさられる。よほど繰り返し、かつ興味深く物語られないかぎり、歴史学者などの記録や記憶には残っても、一般的な生活者の記憶からは消えていくものである。そして、失敗の記憶が消えたところ、また同じ質の失敗が繰り返される。

そういう事実を見ると、同じ失敗を繰り返さないためには、繰り返し巧みに——失敗を体験していない、後の世代の、ふつうの人間が聞きたくなるような語り口で——語り直す仕事をする人間が必要なのだろう。歴史学者というより、いわば歴史の語り部が、である。

だとしても残念ながら、いまのところ、失敗の繰り返しを防ぐほどの圧倒的な影響力をもった語り部は登場していないようだし、私にもその能力はなさそうなので、せめて同じ論旨を発言の機会があるごとに繰り返しておくほかなさそうである。

そこで繰り返させていただくが、つまり、オウム事件の根本にあるのも、〈宗教的心情〉の問題であり、それはほとんどの宗教―イデオロギーの抱えている限界でもある。

「絶対に正しい我々が、絶対にまちがったあいつらを改宗させるか、さもなければ全滅させることによって、正しい、すばらしいユートピアがやってくる」（かつて埴谷雄高がいった言葉を借りれば「あいつは敵だあいつを殺せ」）というタイプの思考システムと、それが生み出す心情は、程度の差はあれ必ずといっていいほど、憎悪―闘争―虐殺をもたらすがゆえに、もはや、人類の未来にとって、それこそ絶対に無効―有害である。

その点について、『キリスト教の本質』（上下、船山信一訳、岩波文庫）などにおけるフォイエルバッハの宗教批判の言葉は、古典的でいまさらのようだが、依然として日本の市民――特に七〇年代以後の若い世代――の大多数の常識にはなっていない、どころかほとんど知られてもいないらしいから、改めて引用しておきたい。

宗教は自分の教説にのろいと祝福・罰と浄福を結びつける。信ずる人は浄福であり、信じない人は不幸であり見捨てられており罰せられている。したがって、宗教は理性に訴えないで心情に訴え、また幸福に訴え、恐怖と希望との激情に訴える。宗教は理論的立場に立っていない。（邦訳下、七頁）

……信仰そのものの本性はいたるところで同一である。信仰はあらゆる祝福とあらゆる善とを自分と自分の神へと集める。……信仰はまたあらゆるのろいとあらゆる不都合とあらゆる害悪とを不信仰へ投げつける。信仰をもった人は祝福され神の気に入り永遠の浄福に参与する。信仰をもたない人はのろわれ神に放逐され人間に非難されている。なぜかといえば神が非難するものを人間は認めたりゆるしたりしてはならないからである。そんなことをしたら神の判断を非難することになろう。（同、一二二頁）

……信仰は本質的に党派的である。……賛成しないものは……反対するものである。信仰はただ敵または友を知っているだけであってなんら非党派性を知らない。信仰はもっぱら自己自身に心をうばわれている。信仰は本質的に不寛容である。（同、一二六～一二七頁）

右であれ左であれ、人間に平和と幸福をもたらすと自称した思想が、なぜ憎悪と悲劇を生み出してきたのか。それは、絶対視された物差しによって、天国・ユートピアに入る資格のある者とない者の心情的な絶対的分離＝敵意をもたらすからである。自己を絶対視する思想としての〈宗教〉には、原理的にいって、人類規模の平和をもたらす力はない。そういう意味で、未来はないのである。

もちろん、悲しいことながら、ここ当分人類は争い続けるだろうし、争い続けながらも生き延びている間は、建て前として平和を叫びながら実際には平和をもたらせない〈宗教〉も生き延びるだろうし、そういう意味でなら、まだしばらく宗教に未来はある（それどころか、現象的には、一時、宗教紛争、宗教戦争の元になるような宗教の勢力はかえって増大するかもしれない）。

しかし、繰り返すが、人類規模の平和な未来の実現ということからいえば、もはや宗教に有効・妥当性はない、と思う。

## なぜ「近代主義に未来はない」か

### 近代主義とは何か

これも復習になるが、人間主義＋理性・科学主義＋進歩主義＝〈近代主義〉は、基本的に無神論的・反宗教的であり、宗教を批判し超えようとする試みであり、いわば「宗教の代案」であった。

近代の進歩的な思想家たちは、宗教は、人間が自分自身の理性の力によって解決すべき・できる問題を、神話・観念・空想によって、心理的に慰めるだけで、かえって現実的な解決を妨げる、そういう意味では、人類の進歩にとって害のあるものだ、と批判した（典型的にはマルクスの「宗教は民衆のアヘンである」）。そして、近代の進歩的思想家たちの宗教批判には、たしかに当たっているところも少なくなかった。

近代主義の立場からいえば、人間が、理性―科学―技術によって社会を進歩させれば、人生の問題はすべて解決できるようになるはずであり、そうなれば宗教は必要なくなる、はずだったのである。しかし、それがある程度までは有効であるように見えてきたので、近代のいわゆる先進諸国の大勢を占める思想になってきたのだ。

それについては、右であれ左であれ、欧米であれ日本であれ、進歩的な指導者や知識人たちは、いまだにそう考えているのではないだろうか。そして日本でも、明治以後のいわゆる近代化の流れの中で、近代主義は主流の思想となり、特に戦後は、ほとんど無意識的な常識にまでなっている。

## 近代主義とニヒリズム―エゴイズム

しかし私の考えでは、人類の現段階の問題としていえば、宗教だけでなく、近代主義にも未来はない。それはまず第一に、近代主義は原理的に人間の〈ニヒリズム〉―〈エゴイズム〉を克服する根拠を見失っているからである。

これまた復習に属するが、近代的な理性の基礎にあるのは、主客分離を前提とした、分析的・還元的な思考方法である。人間という主体が、人間自身の体やその一部としての脳も含んだ物質的自然という客体・対象を、その部分・要素に分析・還元し、部分の組み合わせとして全体を知り、かつ知ることによって、人間という主体が技術的に操作できるようにする、というのが近代合理主義の基本であろう。

こうした近代的な思考方法は、よく知られているように、産業革命以後今日まで、とりわけ科学―技術―産業という面では華々しい成功を遂げてきたように見えた。

しかし、近代主義は、スタートの時点での、ヒューマニズム＝人間尊重という建て前にもかかわらず、論理的な必然として、ニヒリズム―エゴイズムに到り、モラルの低下―崩壊をもたらすものであった。

すなわち、自分を超えたもの――神とその創造した自然――に服従する存在ではなく、神を否定し、自然を操作することのできる、能力ある主体という面に視線が集中していた間はよかった。しかし、やがて自然を物質として見る視線が人間自身に向けられた時、人間も客体・対象、生物、有機体の一種、物質の組み合わせにすぎないと見られることになった。人間の心もまた、脳という物質の働きに還元して捉えられる。

だが、もし物質の働きにすぎないとしたら、いのちや心にどんな意味がありうるというのだろうか。物質科学主義の視線によっては、人間の生の意味を見出すことはできない。そういう意味で、近代主義は、論理的必然として、ニヒリズムに到るのである。

しかし生きている個々人にとっては、自分が、結局は物質の組み合わせにすぎないとしても、今、心をもち生きていることは事実、というか実感である。ニヒリズムという帰結を漠然と予感しながらも、なお生きているという実感をもち続けている個人は、もはや客観的な物質的自然に生きる意味の根拠を求めることはできない。

意味がないにしても、なお生きるのは、自分の中に生きたいという心情・欲望がなぜか与えられているからで、それ以外の理由はない、ということになる。

ところが、個人・自分の主観―心情―欲望だけが最後の物差しだとすれば、「ひとに迷惑さえかけなければ」、さらには「迷惑をかけたとしても、自分が報復を受けることがなければ」「自分のやりたいことはなんでもやっていい」ということになりかねない。近代主義には、それ以上のモラルが生まれる根拠はほとんど見出しがたいのではないだろうか。あるいは、近代主義はモラルの根拠を見失ったといったほうがいいだろう。つまり、近代主義のもたらすニヒリズムは、さらにほとんど必然的にエゴイズムに到り着くほかない。

## 深層のエゴイズム

ただこれまで、しばしば誤解を受けてきたので、ここで注意しておきたいが、私は〈エゴイズム〉という言葉を、たんに「身勝手」「利己的」「自己中心」という通俗的なニュアンスだけで使っているのではない。

様々な他のもの（者・物）との関わりによってあり、たえず変化していくプロセスとしての〈私〉ではなく、誰の、何のお蔭も受けず、それだけでいつまでも存在することができ、世界の中心であるような〈自分〉がある、あるいはあって欲しいという思い、その自分が幸福になること、いい気持ちになること、力を得ること、富むこと……が、人生でもっとも大事だという心の奥深くに潜むこだわりの思いと、それが意識と行動のパターンとして表面化している状態を含めて〈エゴイズム〉と呼んでいる。

詳論はできないが、〈エゴイズム〉とは、唯識の用語でいえば、「マナ識—アーラヤ識」の悪循環を根とした八識の問題であり、八識のエゴイズム的なものの見方がニヒリズムを生み出すともいえる（拙著『唯識の心理学』青土社、『わかる唯識』水書坊、参照）。

シンプルにいっておけば、私が中心であり、したがって私の思いどおりで——楽しく、意味深く、いつまでも――あるべき世界が思いどおりにならないという心情から、ニヒリズムが生まれる。そういう意味でいえば、エゴイズム的なものの見方がニヒリズムをもたらすともいえる。つまり、ニヒリズムとエゴイズムはどちらが先ということのできない、相互作用的な問題だといっていいだろう。

いずれにせよ、ニヒリズムとエゴイズムの悪循環を克服する原理を見出しえていないところに、人間の心の面に関する近代主義の決定的限界がある。

## 近代主義と環境破壊

さらに第二に、先に述べた環境の崩壊も、近代主義がもたらしたものだ、ともいえる。

近代主義は、基本的に自然を、人間が研究し、その結果、利用できるようにするべき対象―物質と見た。もはや〈聖なる自然〉でも〈母なる大地〉でもなく、人間の都合によってどのように手を加え利用してもかまわない〈資源〉としか認識しなかった。

ところが近代主義は、先に述べたようにエゴイスティックな欲望を抑制する根源的な根拠を見失っている。それは、個人であれ集団であれ同じで、むしろ集団の方が抑制がむずかしい。抑制を失ったエゴイスティックな産業・経済活動は、ほとんど当然のことながら、様々な理由をつけながら「資源の有効利用」を過剰に行ない、意図のあるなしはともかく、結局、「環境の破壊」を続けてきた。

「自分たち（会社、民族、国家、現在の人類など）のためには、ほか（会社、民族、国家、未来の人類、他の生命、生態系）のつごうは考えておられない」というのが、近代的な集団の本音ではないだろうか。エゴイスティックな傾きをもった個人からなる集団がエゴイスティックになるのは、当然といえば当然だが。

環境破壊は、個人レベルでのエゴイズム―ニヒリズムとおなじく、近代主義的な態度の必然的な帰結であるともいえる（近代に進歩の面がないというわけではないが）。

もちろん、環境は人間を含むすべての生命が生きていくための基盤である。その限りにおいては、科学者や市民に始まって、現在では経済人・政治家に到るまで、ほとんど誰も「環境」を無視してものをいうことはなくなった。建て前は、「地球にやさしい」である（とても傲慢なコンセプトだと思うが）。

しかし、例えば環境のための国際会議がひんぱんに行なわれても、実際にはなかなか破壊を止められないのは、なぜだろうか。

加えていえば、近代は、なぜ、声高く平和を語りながら、かつてない大規模な戦争を行ない、そしていまだに戦争を廃絶しえないのだろうか。

近代主義は、個人レベルだけでなく集団レベルでも、エゴイズムを超える原理や制度を見出しえていないということが、一つの（唯一ではないが）大きな理由なのではないだろうか。集団レベルでのエゴイズムを超えうる原理と制度を見出さないかぎり、環境破壊も戦争も、根本的な解決はできない。そういう意味でも、近代主義には未来はないと思う。

## 宗教でも反宗教でもなく〈霊性〉へ

では、自己絶対視と敵意を生み出す宗教でもなく、エゴイズムとニヒリズムを克服しえない近代主義―反宗教とも異なる、人類の未来を拓きうるような立場はあるだろうか。

ある、それは〈霊性〉の立場である。あるいは霊性と理性の融合された立場、そういう意味でいえば、宗教と近代主義双方の問題点を十分に批判し、しかし普遍妥当な面を正確に取り出して融合した立場である、というのが私の考えである。

〈宗教〉には、たしかに先に述べたような問題点・限界がある。しかし本来宗教の核にあったのは、人間のいのちは、どこまでも人間のいのちでありながら、人間自身が生み出したものではなく、人間を超えた、より大きなものによって生まれたものだ、という感覚だったのではないだろうか。

「生きることは生かされて生きることである」「私より大きな何ものかが私を生かしている」という直感、さらに、人間だけでなく、生きているものもそうでないものも、すべてのものがより大きな全体（神、仏、自然、宇宙）に包まれているという根源的な事実への目覚めが、宗教の核にあるものだと思う。

しかし包んでいる何か全体なるものを「神」「仏」「ブラフマン」「アラー」「道」……と呼ぶか、あるいは「自然」または「宇宙」と呼ぶかは、本質的な問題ではない。また、教祖は、それを深く直感した人間なのであり、教義・教団・儀式・修行法といったものは、その直感を他者に伝え共有するための媒介・手段にすぎず、しかもそれらは時代的・文化的に限定されていて絶対ではなく、また絶対でなくてよいものなのではないだろうか。絶対なのはそれを直感し、表現した〈宗教〉ではなく、人間を超えた「より大きな何ものか」そのものである。

言葉の悪い意味での〈宗教〉と区別するために、そうした、より大きなものを直感し、すべてのものがみなそれに包まれていることに目覚めるような人間の心の奥底の領域を、私はあえて〈霊性〉と呼んでいる。これは、もちろん誤解さえなければ、たとえば「本当の宗教」とか「宗教の本質」とか呼んでもかまわない。

いのちの原点において、私は、私でないものとふれあい、私でないものに支えられているという事実（かつて滝沢克己がいった言葉を借りれば「インマヌエルの原事実」「人間の原点」）は、近代主義が見落としたことであるが、しかし本来理性と矛盾・対立するものではない。誰でも目を開けさえすれば見える、すべての人に共通の事実なのである。

そして、私のいのちが、どこまでも「私」のいのちでありながら、同時にいわば「私でないものから貸し与えられ、それに支えられている」いのちであるという事実にこそ、ニヒリズムを超える原点がある。つまり、人間のいのちは人間を超えた何かから与えられたものである以上、いのちの意味もある意味ではあらかじめ与えられているといっていいだろう。いのちには、かならず可能性・能力・潜在力が与えられている。個々の人間にとっては、その与えられた意味を発見できるかどうか、つまり与えられた可能性・潜在力を実現できるかどうかだけが問題であって、意味―可能性があるかどうかは問題にならないのだ。

そしてその事実がすべての人にとって共通の事実であるというところに、エゴイズムを超える、根源的な倫理―モラルが成立する原点があると思う。生かされて生きている私が、おなじく生かされて生きている他者に対して、それにふさわしく接するかどうかが、倫理の根源的な基準になるだろう。人類規模の平和も、そこからのみ可能になるだろう。

さらにいえば、同じ宇宙に包まれた宇宙の一員・一部として宇宙の他の一部にどう働きかけるかという視線で見た時、自然は単なる〈資源〉ではなく、自らとつながり、私を支えてくれるもの、ある意味で私の延長、と見えてくるだろう。そのことに気づいた時、私はもはや私を破壊することはできない。環境が私と本質的につながったものであることを深く自覚した上で営まれる経済は、近代の産業主義経済の妥当な面を受け継ぎながらも、決定的に変容したものになるだろう。

## おわりに

そのような、宗教の限界と近代主義の限界を超える〈霊性〉の自覚は、現在のところ残念ながら、日本の市民の大多数が共有するものにはなっていない。そういう意味で、既成・新・新新の宗教も近代主義―反宗教も含めて、私たちの文化―精神性はまだきわめて未熟だと思う。しかし、私たちがもはや〈宗教〉をまったく必要としないほど〈霊性〉的に成熟した未来を思い描くことは、決して根拠のない願望ではない、とも思うのである。

# 宗教対話から宗教融合へ

## 特定の宗教を超えて

まず最初にひじょうに率直に言うと、今の私は、キリスト教であろうと仏教であろうと、特定の宗教がどうなるかということについてはあまり関心がない。

今、人類は生き延びることができるかどうかという、人類の誕生以来最大の危機の時代にあると、私は——私一人が勝手にではなくおそらくひじょうに多くの人々も——考えており、人類が生き延びるうえで、宗教が役割を果たし得るかどうかが問題なのである、あるいは、役割を果たし得る宗教だけに関心があるといってもいいだろう。

そういう目で、諸宗教を自分なりに学んできて、よく知り尽くしたとはもちろん言えないが、いまのところの知識では、従来のかたちのままで人類の生き残りに十分貢献できるような宗教があるようには見えない。しかし、では、宗教以外の立場で、十分貢献できるものが他にあるかというと、そういうふうにも見えない。ただ、心理学・心理療法はある程度貢献できるのではないかと期待しているが、これまた、従来のままで十分だとは言えない。

それで、結論から先に言ってしまえば、人類の生き残りに貢献できるような諸宗教のエッセンスの部分と、同じく貢献できるような心理学・心理療法の妥当・有効な部分の〈融合〉から、そういう人類の生き残りを可能にするような人間の意識――パーソナリティ――生き方を育む理論と技法ができてくるのではないか、あるいは作り出したい、というのが、端的に言うと、いまの私の立場である。これは、アメリカで一九六〇年代末に創立されたトランスパーソナル心理学と、ほぼ――まったくではないが――同じ発想である（拙著『トランスパーソナル心理学』参照）。

したがって、諸宗教に関して言えば、〈対話〉という問題意識ではなくて、諸宗教の〈融合〉という発想になるわけである。

これは、私の個人的な了解や立場というレベルでは、それなりに確立しているのであるが、それが、それぞれの教団レベルや、さらに大きく言えば人類レベルで妥当性・有効性・実現可能性を持っていると言えるかどうか、現段階での説得力には当然様々な批判があり得ると思う。

そういう意味で私の宗教へのアプローチは、「諸宗教間の対話」という方向性とはやや角度が違っているが、なぜ、〈融合〉という発想に至ったか、自分なりの経緯、根拠といったあたりのことを述べさせていただきたいと思う。

## 対話はそれ自体が成果である

さて、立場を異にする人々が同じ場で会合を持ち、相互理解を目指して話し合うということは、よほど険悪な物別れにでもならないかぎりは、話し合いの結果、何か取り立てて言うほどのものが生まれなかった場合でも、それ自体が成果であると思う。

参加した当事者には、そこで生まれた人間関係やそこで語られた言葉を通じて、他の立場に対してよりいっそう理解を深めようという意欲をもたらすことが多いだろうし、社会的には、話し合ったという事実のイメージ・情報が広がることによって、異なった立場にある者同士であっても、真摯に話し合い、多かれ少なかれ理解し合うことができるということが、いい意味での常識になっていく。そういうふうに、個人的にも社会的にも、対話は基本的に平和を促進するものであるから、それ自体、成果と言っていいだろう。

カトリックでは、第二バチカン公会議において「教会一致」が提唱され、プロテスタントや東方教会との対話が始まったのみならず、「諸宗教との対話」もまた決議されて以来、諸宗教との対話が長い間積み重ねられてきた。そうした変化は、他宗教を「異教」と決めつけ、宣教し改心させるべきで、それでも改心しない場合は神によって地獄に落とされるべき存在と見ていた時代に比べると、ほとんど奇跡的と言ってもいいほどのものであった。

南山宗教文化研究所の長年にわたるシンポジウムも、そうした流れの中にあり、さまざまな成果を生み出してきた。その永年にわたる持続は、個人ではなく研究所という公的機関によるものとはいえ、やはり驚くべき持続力という他はない。あるゆる組織はそれを担う人によって生きもし死にもするものだが、これは、やはり所長を務めてこられたブラフト先生以下、スタッフに共通する粘り強く誠実な人格によるところが大きいと、業績を振り返ってあらためて尊敬の思いを禁じ得ない。

## 何が成果か

これまでのシンポジウムの記録である『絶対無と神』から『浄土教とキリスト教』（いずれも春秋社刊）までの五冊を、通して読んでみた。それ以前のものは読むことができなかったので、この五冊の範囲で、シンポジウムの成果と思われる点を簡略に振り返っておこう。

おそらくもっとも豊かな成果がみられるのは、一九八〇年の第三回『絶対無と神』（八一年出版）である。このときのシンポジウムは、とりわけ三つの点ですぐれていると思われる。

第一には、上田閑照氏が西田哲学における禅と哲学のかかわりについて、言語化できない「純粋経験」のレベル、純粋経験が自覚の言葉に開かれたものとしての「根本句」のレベル、純粋経験からすべてを説明しようとする哲学のレベル、の区別を明確にしたことを基礎にして、純粋経験のレベルにおいては、神と呼ばれるものと絶対無と呼ばれるものがほぼ同じ経験に発するものなのではないかという、共通の認識が底流にあったことである。

これは、かならずしもはっきり言語化されたものではなく、参加者のほとんどが西田―田辺元のいわゆる京都学派の流れを汲む方々であり、前提として、発言者の一人でもある西谷啓治氏の『神と絶対無』の論旨などを十分認識していたところからくる、〈暗黙の了解〉に近いものであったと思われる。

私の結論を先取りして言ってしまえば、この点を体験的にも論理的にも深めるならば、必然的に、諸宗教、少なくとも仏教とキリスト教の〈対話〉を超えた〈融合〉の立場が現われてくると思われるのである。

第二は、「非神話化」を徹底することなしには、どの宗教も現代世界に本質的なアプローチをすることができない、という点の認識がほぼ共有されていたことである。

第三は、宗教がどのようにして現代世界に治療的にアプローチ・貢献できるかという問題意識が、明確であったことである。

シンポジウムの常として、話題はあちこちに飛んだにもかかわらず、以上の三点が、底流として一貫しているため、全体に実りあるシンポジウムになっている。

しかし、この三点はややあいまいに共有された了解にとどまり、問題点を明確化して共通認識とし、次にさらなる掘り下げを行なうというかたちにされておらず、そのためか、こうした問題意識については、以後のシンポジウムではむしろ後退しているようにも見える。

一九八二年の『神道とキリスト教』(八四年出版)も、靖国神社問題をめぐる対立もあって、かなりむずかしい関係にある両教が対話の席につき、しかもそうとうに率直な話し合いをすることができたという意味では、意義深く、興味深いシンポジウムであったと言えるだろう。

しかも、「対象化されない神」の経験に遡った時、神道とキリスト教が本当の意味で共存できる場が開かれてくるということが、ほぼ共通の了解となったこと、共同体や自然に対する双方の違いがくっきりと明らかになったことが、大きな成果であった。

しかし、先に『絶対無と神』について指摘した三点の了解が、参加者全員に明快に引き継がれたわけではなく、また神道の側に、キリスト教神学と対話・対決すべき体系的な教学——すなわち純粋経験、根本句、宗教哲学の三つのレベルのうちの第三——が確立されていないこともあって、多様な見解を持った神道者とキリスト者の多様な意見が表明されるにとどまり、「対象化されない神」の経験が何であるのか、あえて掘り下げた探究が行なわれなかったという憾みは残る。

私も参加させていただいた『密教とキリスト教』(八六年出版)は、先に述べたような私の志向からすると、ある意味でもっとも掘り下げの足りない、不満の残るシンポジウムであった。

すなわち、シンポジウムの焦点が「歴史的宗教と民俗宗教」というところに当てられていたせいもあって、第三回と類比的に言えば、密教の修行による体験、真言＝呪と咒の問題、そして空海の教学と修行法、という三つのレベルについて、密教側の自己主張が明快になされず、キリスト教のそれらとの対話・対決がなされるというかたちは、ほとんど見られなかったからである。

確かに、密教―真言宗の平均的な状態は、そうとうに呪術的な民俗宗教だと言えるだろうが、空海自身の修行体験―修行法―教学の体系は、いわゆる民俗宗教のレベルにとどまるものではなく、高度に洗練された、しかもおそるべく包括的なものである。それは、少なくとも空海の時代の東アジアの諸宗教に関しては、みごとなまでに〈統合〉を可能とするものであったのではないだろうか。そして、それはさらに現代化――つまり広い意味で非神話化――された場合、潜在的には神秘主義や東方教会を含むキリスト教をも合併吸収してしまいかねない深み、広がりを持っており、現代世界への治療的アプローチ・貢献が大いに期待できるものだと思われるのである。その点が十分討議されなかったことが、私にとっては「密教とキリスト教の対話」としてきわめて残念であった。

『天台仏教とキリスト教』(八八年出版)における、大正大学綜合仏教研究所側からの「仏・心・衆生」という順序のテーマは、かなり包括的で実りを予想させるものであり、そこで語られた話題は話題としてはそれぞれに興味深いものもあったにもかかわらず、討論全体としては低調だったというのが、私の率直な感想である。

そこでは、天台学そのものが修行―体験のレベルから遠ざかった訓古学になっているという現状の表明が特徴的だった。これはきわめて正直でごまかしのない表明ではあるが、それは、先から言っているような三点については、本質的なところで対話し、掘り下げるための基本条件が、そもそも天台の側に欠けているということを意味するのではないだろうか。そのため、特にキリスト教側からの、社会改善のための活動に対する問いかけなどに対しても、十分説得力のある応答は見られない。かろうじて、「不可思議」と「神」という点で有神論と無神論の対立が超えられるということが、ある種の相互了解になったことが収穫と言えるだろうか。

『浄土教とキリスト教』（九〇年出版）については、浄土系仏教とキリスト教の双方が共通に抱えている問題が浮き彫りになっていると感じた。

参加された方々のほとんどは、双方の伝統的なかたち、すなわち、きわめて悲惨な現世に生きている民衆に対して、未来の神の国や浄土を神話的に保証することによって心理的な救済体験をもたらす、といったかたちの教学・神学の立場にはいない。すなわち、〈非神話化〉以後の立場におられるようである。

しかし、たとえば法蔵菩薩の歴史性を放棄し、イエス・キリストにのみ究極の救いがあるという立場を放棄すると、聖道門的な〈自覚〉の宗教以外に、どのようにして現代の浄土門、〈救済〉の宗教の立場を切り開き得るのか、放棄しないとすれば、それには神話性を超えた現代人の理性にとっても説得力のある根拠があると言えるのか、その点については、明快な答えはなかったように思われる。それは、発題講演から討議まで、宗門内部にしか通じない術語でぎっしりと埋められており、現代思想の言葉さらには現代の日常語にまで開いて、〈救済〉体験を言語化することがなされないところにも現われていると思う。

おそらく両教とも、徹底的に体験のレベルにもどり、しかも非神話化を徹底的に遂行することなしには、現代世界に治療的にアプローチすることはできないことが、きわめて明瞭になっていると思われるが、発言に現われたかぎりでは、このシンポジウムも、掘り下げ・到達点は『絶対無と神』より後退しているという印象が避けがたかった。

以上のように、〈対話〉そのものには十分な意義を感じつつも、私自身は、次に述べるように、キリスト教における八木誠一や滝沢克己による非神話化の徹底的遂行、仏教における久松真一や西谷啓治による現代化の徹底的遂行を通過して、トランスパーソナル心理学―ケン・ウィルバー的な〈融合〉による現代世界への有効・妥当なセラピー的アプローチを志向するという立場に至っているため、なにか議論がいつも振り出しに戻ってしまっているように感じ、率直に言って「隔靴掻痒」の感を免れなかった。

## 私の原点

さて、私が〈融合〉という立場に至るについて、六〇年代の学生時代、決定的な影響を受けたのは、先にも述べた、八木誠一、滝沢克己、久松真一、西谷啓治ら（敬称を略させていただく）の神学・宗教哲学である。

まず八木誠一は、関東学院大学時代の恩師であるが、氏の処女作『新約思想の成立』には衝撃的な影響を受けた。それによって、近代文献学・歴史学的な聖書学によれば、もはや「聖書は一字一句が一貫したまちがいのない神の啓示である」といった、素朴で正統的な聖書主義・ファンダメンタリズムは不可能だという事実と直面させられた。また、さらに〈イエスの十字架における罪の贖いと肉体の復活〉も含めて、聖書的な世界観が、もはや現代人が文字どおりに信じることはできない、また信じる必要のない〈神話〉であり、その成立の背後にある宗教体験を読み取ることこそが問題なのだという、プロテスタントの正統教義とそれを信じている自分のアイデンティティを根底から覆されるような精神的危機に陥れられた。その結果、私は三年近く苦しみ抜いたが、結局、八木的な聖書解釈を受容することになった。

周知のように、八木によれば、新約思想成立の根底にある宗教体験は、仏教の悟り体験とほぼ同じものである。その論理は納得したが、肝心の体験はない。しかも、イエス・キリストの十字架による罪の贖い、復活による死の克服、終末の裁きによる人類史におけるすべての不条理の清算といった教義を信じることによって、心理的に解決していた問題が、すべて解決がつかなくなっている。かといって、もはや古い教義への信仰にもどることはできない。

そこで困り果てた結果、悟れば、人間の無明・煩悩はすべて克服され、死の恐怖も超えられる（はずだ）という禅・仏教の主張を受け容れて、自己流ではあったが、実際に坐禅を開始した。そして、やがてそれなりの体験をし、この体験を深めていけばいいのだという確かな手がかりはつかんだのである。

それと並行して、いわゆる「八木―滝沢論争」との関連で、滝沢克己の著作にも触れていった。ここではっきりしたのは、ややシンプルに言ってしまえば、〈人間の原点〉〈インマヌエルの原事実〉は、歴史のイエスの存在いかんに拘わらず存在しており、仏教にもその自覚が見られるということである。ここで深入りすると長くなるので避けるが、滝沢のキリスト論は、もしそれを承認すれば、仏教とキリスト教の本質的な対話、さらには融合さえ可能になるという意味で画期的なものだが、それだけに正統的・保守的なキリスト教にとっては恐るべき異端と言うこともできるだろう。しかしともかく私は、滝沢のキリスト論を——どこまで本当にわかっているかは別にして——受け容れた。

さらにこれもほとんど同時期であるが、久松真一の著作も、当時手に入るものはほとんど読んだ。これもまったくの筋だけを述べるが、久松禅学によれば、中世は神律の時代であり、近代は人間の自律の時代であるが、いずれももはやそこにとどまることのできる立場ではない。「信の宗教」から神の死・無神論を経て、「覚の宗教」・仏教的無神論に至るほか、近代の限界を超えて後近代《ポストモダン》の立場を切り開くことはできないというのである。この主張もまた、ほぼ納得した。

もう一人は西谷啓治である。西谷宗教哲学から学んだことは、久松禅学から学んだこととかなり重なるが、近代人は理性の自律・科学によって、神の死、ニヒリズムに直面せざるを得なくなっていること、しかし理性・科学にはもはや後もどりを許さない妥当性があり、理性・科学の批判に耐え、しかもニヒリズムを超える道は、エックハルト的な絶対無としての神との合一、ニヒリズムを徹底することによって突き抜けた大乗仏教・空の立場しかないということである。

第三回『絶対無と神』での発言が示すように、西谷自身はかならずしも仏教とキリスト教の〈融合〉は主張していないが、私は前三者と西谷の宗教哲学から、ほとんど自然にといった感じで、諸宗教の〈融合〉という志向を読み取ったのである。

こうした、神学的・宗教哲学的な問題との取り組みに加えて、フランクルの『夜と霧』をきっかけにしてナチズムや日本も含むファシズムの問題を、また六〇年代末の全共闘運動の衝撃で、資本主義とマルクス主義の問題をも考えざるを得なくなった。

それは、徹底的な非神話化以後の立場に立つことによって、人類史における悲惨を未来の神の国の到来によって清算するというヴィジョンを、そのままでは受け容れられなくなったこととも関わっている。しばしば指摘されるとおり、ユートピア運動は世俗化された千年王国運動であり、マルクス主義はフォイエルバッハによる神学の人間学化以後の、人間による千年王国建設運動とも解釈することができるだろう。

しかし、マルクス主義については、スターリニズムの問題でかならずいきづまるとみた。そして、その中心的な問題は、ドグマ化と権威主義的パーソナリティであると考えた。その点、反帝反スタという新左翼のスローガン、それから全共闘――特に山本義隆氏のいう「自己否定」というスローガンは建て前としては正しいが、パーソナリティの問題を知性や意識の問題としてかたづけようとしているところ（「知性の叛乱」「自己批判」）に、限界を感じていた。

つまり、先に述べたような神学・宗教哲学的な認識から、人間の自我への執着は、もっと根深い、いわば深層心理の問題であって、単なる理性的・理論的自己批判によっては克服できないと考えていたからである。西谷宗教哲学ふうに言えば、人間の根本問題はニヒリズム―エゴイズムであって、それは同根の問題なのであり、その解決なしには社会の問題の根本的解決もない。スターリニズムもナチズムも実はその同じ根から生まれた問題なのである。

以上のような経過で、私は「人間は、個人としても社会としても、エゴイズム―ニヒリズム的な自我を変革しないかぎりもうやっていけない」「自己変革のない社会変革はかならず失敗する」といった命題で表現できるような問題意識を持った。そしてさらに、そうした「自己変革は理性的批判・理論的分析では実現できない。心の深みを変革する実際の修行が必要だ」という思いをさらに深くするに至った。そこで一九七三年（だと記憶するが）、秋月龍珉の門を叩いて、正式の坐禅を開始したのである。

さてまた、学生時代にすでに水俣などの環境の問題はあったが、私自身は大学院を終わって後、カーソンの『沈黙の春』や有吉佐和子の『複合汚染』を読んだあたりから、深刻に受け止めるようになった。この問題もまた、私には、単に企業のエゴイズムだけの問題ではなく（もちろんそれもあるが）、資本主義、社会主義の双方を含んだ、近代における人類規模のエゴイズムの問題だと見えたのである。

そうした問題意識のなかで、自己変革、意識の変容の実践の方法として坐禅を始めたが、人間の意識に関しては禅―京都学派の説明はきわめて不十分だという思いがあり、さらにそれを理論的にはっきりさせることができるのではないかという予測で、フロイドやユングらの深層心理学や仏教の深層心理学ともいうべき唯識を学んだ。とりわけ唯識は、私にはきわめて示唆的だった（拙著『唯識の心理学』参照）。

周知のように、唯識は煩悩にまみれたふつうの人間・凡夫の心を八識・三層構造で捉える。眼耳鼻舌身の五感＝五識と意識、深層の自我に執着する識＝マナ識、生命に執着する生命情報の世界とでもいうべきアーラヤ識である。そして、人間は周囲から言葉によって教えられた分別知によって、独立したそれ自体でずっと存在する実体としての〈自我〉があると思い込み、それに執着するようになる。しかもその執着は、意識の表面ではなく深層に深く根を張っている。そうした自我とその欲望にこだわる深層の働きを〈マナ識〉と呼ぶのだという。つまり、唯識的に言えば、エゴイズムとニヒリズムの根は〈マナ識〉にあるのである。

しかし、こうした問題は神学・哲学的なアプローチだけでは解けないと思ったので、もう一方では進化論、動物行動学、脳生理学、人類学、生態学などを学んだ――というか乱読したのである。

おおげさなようだが、私のここ二十年あまりの仕事は、すべてこのあたりの問題をめぐるものである。それをまとめて言うと、人間一人一人がエゴイズム－ニヒリズムを超えないかぎり、自分自身の問題も解決できないし、さらには「人間同士の平和」と「自然と人間の調和」も実現できない。では、どうすれば実現できるのか、といった問題である。

## 人間悪という概念

さて、ではなぜ、人間はエゴイズムに陥るのか、唯識的に言えば、マナ識を抱えてしまったためだろうか。仏教では、無明は「無始」ということになっていて、説明がない。それでは、エゴイズムの起源について自然科学的な解明はできないだろうか、という問題意識で、進化論、動物行動学、脳生理学、人類学、生態学などを乱読し、そこで見えてきたものがある。

動物・生物社会について、「生存競争」「弱肉強食」といったことばでイメージされているような誤解がある。ところが、今西錦司、生態学、ローレンツなどを学ぶと、それは人間社会の投影であって、生物社会はけっして血腥い闘争の世界などではないということが分かってきた。

「生存競争」と見られていたことについて言えば、異種間には「棲み分け」、「捕食―被捕食関係におけるバランス」、同種間には「攻撃性抑止の本能」があって、人間のやるような同種間での果てしない収奪や殺し合いとは性格が根本的に違っている。「競争的共存」とでもいう構造があるようだ。ただし、ハヌマンラングール、チンパンジーのような高等な類人猿には、他のグループのオスや子どもの皆殺し、同種を食べるなどの人間に似た残虐行為も見られるようだが。

こうしたことから考えると、地球上に生命が発生し、植物的生命と動物的生命の分裂が生まれ、すでに自力で太陽エネルギーを採り入れることができず、他の生命を食べることによってしか生きられない生命が発生した時、すでに悪が始まっていると見ることもできるし（埴谷雄高のように）、動物の世界を捕食―被捕食の関係が覆っているという状態を悪と見ることもできないことはないが、やはり人間ほど同種間の殺し合い・支配・収奪をし、他の生命・生態系を汚染・破壊し、さらには資源を採り尽くそうとする生物種はいないようである。これは人間固有の問題であり、〈人間悪〉とでも呼ぶべきものではないかと考え、〈人間悪の起源とその克服〉を考えるようになった。

## 人間悪の起源

六百万年前か二百万年前か学説はいろいろのようだが、ともかく人類が森林の木から下りて、サバンナで直立二足歩行を始めたとき、「新脳化現象」が始まったらしい。そこで、大脳新皮質―言語と、技術に関わる知能の発達―肥大が起こったと考えられる。

なかでも、言語は「原罪」ともいうべき性格をもっている。つまり、ほとんどの言語は、主語―述語、名詞―動詞構造をもっているようだが、それこそが自我が実体であるという錯視の源泉になっていると思われるからである。そして、八木誠一の指摘するとおり、言語のもっている形式論理学のような構造が、人間の世界認識の構造を無意識的に決定するようになっている。すなわち、自分やものという名前のつけられたものが、AはAである（自同律）、Aは非Aではない（矛盾律）、Aでも非Aでもないものは存在しない（排中律）という構造で実在しているように見えてくる。単に知られるだけでなく感じられるのである。ここに、自分や自分の利益・幸福などが、実体視され、過度に執着される、つまりエゴイズムの源がある。

しかも、人間は生まれてすぐには、本能によって生きることができない。きわめて未完成な・無力な状態で生まれ、長い発達期間の、親や社会との交流を通じて、やっと一人前になっていく。その長い発達期間が、歪む可能性をも大きくしている。

人間性心理学のマズローは、基本的欲求と神経症的欲求・欲望の区別という、画期的な仮説を提出した。そういう概念を当てはめてみると、人間の場合、基本的欲求の満足を全面的に他者に依存するという状態からスタートするために、適度な満足を得られないがしかも死なないというケースが起こりうるという事態をもたらしていると言うことができる。つまり、傷つき、歪んだ欲求の構造を心にもって、他者を顧みない、時には自分さえも滅ぼすような、過度の欲望追求をしてしまうことがしばしばありうるのだ。

こうした自我実体視の可能性＋神経症的欲求↓エゴイズムと考えることができる。そして、そういう意味で言えば、人間は、多かれ少なかれエゴイズムへの傾向を潜在させているということが言えそうである。

## 自然民族と文明民族

しかし人類学の報告によれば、いわゆる自然民族の場合、たしかに潜在的エゴイズム、エゴイズムへの傾向をもっていたにしても、民族と自然・世界の一体性を語る神話や、それを実感させる意識変容のテクノロジーともいうべきシャーマニズムをもっていて、そうしたエゴイズムが深刻なかたちで顕在化することを抑止しえてきたのではないだろうか。そして、平和と調和を保ちながら、数十万年も維持できるような文化を形成してきたようである。

ところが、いわゆる文明民族では、部族や族長がエゴイズム化することを十分に防止しえなかったのだと思われる。そして、防止しえなかった族長・部族のほうが軍事的には強く、しだいに支配を広げていった。すなわち、文明とはエゴイズムとエゴイズムのピラミッドの肥大化と相互葛藤のプロセスと捉えることができるのではないか。

もし、程度の差はあれすべての人がエゴイストでしかありえないとすれば、そこでできる社会はエゴイストの利益の一致―不一致による離合集散、エゴイズムのシステムにしかならない。そして、エゴイストは当然自分の利益を最優先するから、争いが起こり、力の強弱によるエゴイズムのピラミッド・システムを作ることになる。ピラミッドは一つではないから、ピラミッド同士の争いも起こらざるをえない。さらにピラミッドの上部は底辺を土台として成り立っていることを忘れて、支配・抑圧・収奪をし、そして底辺を疲弊・崩壊させることによって、みずからも崩壊していった。

エゴイズムは、個人的エゴ・集団エゴ・人類エゴのどのレベルでも問題を生み出す。

きわめてシンプルな言い方だが、そうしたメカニズムが生み出す問題の最大のものが、戦争と環境破壊であると言ってまちがいないのではないか。

しかし、人類が登場してから数百万年、あるいはホモ・サピエンス＝現世人類で言えば六十万年ほどの歩みのうち、農耕文明が発生し、国家が発生する一万年あるいは七、八千年前までは、問題はさほど深刻ではなかった。身分制や搾取が生まれ、国家間の戦争が起こり、「文明があったところには砂漠がある」と言われるように、文明が環境を破壊して崩壊するということが起こるようになった、そのあたりで、たとえばブッダや老荘、孔子や旧約の預言者たち、あるいはさらに進んでイエスや大乗仏教の菩薩たち……などなどが現われ、人間の根本的な歪みを指摘し、その修正の道を示唆するようになったのではないか。

しかし、基本的に文明化した民族は、そうした先覚者たちの警告によっても反省することなく、他者と環境への抑圧・収奪を続け、そのことによって栄枯盛衰を繰り返してきたが、それが限界に達しつつあるのが、現代という時代の危機なのではないか、と私は考えている。

## 悟りと自然成長の文明

人類が、自分たちの生命だけが大切だというエゴイズム状態にあるかぎり、際限のない人口増加がもたらされる傾向がある。かつては飢餓・病気・戦争によって人口調節がなされてきた。ところが、近代技術によって、それらのかなりの部分が克服（？）されたかに見えた時、同時に環境破壊によって自滅するかもしれないという事態が発生しているとは言えないだろうか。

そして、資本主義も社会主義も平和と調和をどう実現するかという問題への解答にはなっていない。それは、エゴイズムを前提にして、それをある程度許してそこから生まれる自然発生的な秩序に任せるか、指導者が人為的にコントロールするか、ということにすぎない。エゴイズムをどう超えるかという課題が意識されていないので、本質的な解決の道を探ることができないのである。

我々の時代の課題は、個人から人類全体に至るあらゆるレベルでのエゴイズムを超え、平和と調和を実現すること、「多産」と飢餓・病気・戦争による悲惨な「多死」でも、人口増加による地球規模の環境破壊でもなく、「少産・少死」、そして適当な数の人類が今後何百万年にもわたって「なかよく楽しく生きて、楽に死ぬ」という文明へと方向転換することなのではないか。

地球上のほとんどすべての生命の営みは、太陽エネルギーによって行なわれており、幸いなことにすべての生命を養ってあまりあるその過剰な供給は、この先おそらく数百万年以上も持続すると思われる。これまでの地球がそうだったように、植物を中心に太陽エネルギーが蓄積されていくかぎり、地上の生態系はますます豊かなバランス状態へと成長していくという、喜ばしい掟のなかに置かれていると言っていいだろう。

我々が選ぶべき道は、「経済成長」か「環境保護」かではなく、生態系全体の成長と調和したゆるやかで「自然な成長」というところにある。そのためにもエゴイズムは超えられなければならない。人間は、ここでエゴイズムという意識の変容を遂げる以外、先には進めないのではないだろうか。

ただ、こうした発想は、あくまでも人類が生きのびることはいいことだ、必然性がある、あるいは少なくとも自分はそうしたい、という前提に立っている。そういう前提をはずせば、すべての種には寿命があり、人類だけが滅びてはならない理由はないという考えもとりうるのではあるが……。

## 意識変革の可能性

では、人間は、エゴイズムを超えられるだろうか。

人間のエゴイズムの根が、もっとも単純化していえば、自己実体視の傾向＋神経症的欲求にあるとすれば、それが超えられた時、エゴイズムは超えられる。振り返って考えると、東西の神秘主義的宗教の修行や現代の深層心理学のセラピーという臨床の事実が示すものは、人間は神経症的欲求から解放されることも、自己実体視の傾向から自由になることも——少なくともある程度まで——可能らしいということである。

つまり、人間、とりわけ文明化した近代の人間は、たしかにエゴイズムに捉われているが、これは過去と未来について、決して人間の本性でも宿命でもない。ある時期の歪みだと考えていいのではないだろうか。人間は、意識変容を遂げて、新しい時代を切り開く潜在力をもっているのではないだろうか。

これまで人類が形成してきたシャーマニズム、仏教や神秘主義的宗教、心理学など、意識変容の理論とテクノロジーを総結集することによって、個々人からすべての指導者、そして人類全体まで、エゴイズムを超える意識の変容を遂げることは、不可能ではない。私は、それを実現する理論的基礎として、唯識を骨格として、そこに諸宗教、諸心理学を肉づけ・融合していくというアイデアを考えたことがあったが、ほぼ同様なもので、ある点もっと整備されていると思われるK・ウィルバーの「意識のスペクトル構造論」も参照しつつ、〈融合〉の理論と、さらには、修行法・セラピーの〈融合〉をも実現していきたいと願っている。

そして、個人の意識変容にとどまらない人類全体の意識変容への戦略として、私は、知識人・文化人の意識的・無意識的な合意による知の変容＋個々人の実践による意識の変容＋情報産業や教育の変容→感性や欲求の構造変容→ライフスタイル（消費行動や職業の選択）や政治的選択の変容→政治・経済を含む文化の大変容、すなわちエコロジカルで平和な文明、バイオ・コミュニズム、

「悟りと自然成長の文明」の実現という道筋を考えている。

以上、我ながらあまりにも大まかで誇大妄想的かとも思うスケールの話をしてしまったが、本当のところ、かつ今のところ、本気でそう思っているのだから、やむをえない。

しかしこうした展望について、絶対視するつもりはなく、ありとあらゆる批判を受け、まずい点は修正し、全面的にダメならば、さらなるオルタナティヴ（代案）を考えていきたいと思っている。

そうした私の立場から言わせていただくと、今後の研究としては、「仏教とキリスト教の対話」における代表的な成果として、まず、先に述べた方々の仕事を徹底的に検討しなおし、それらが私の考えたように必然的に〈融合〉という方向に向かうのかどうか、さらに〈融合〉の方向性をもつ、H・スミスやK・ウィルバー、あるいは井筒俊彦などの仕事をも検討することによって、諸宗教はやはりどこまでいっても〈対話〉どまりなのか、あるいは遠い将来であっても〈融合〉が可能なのか、といったことを問うていただければ幸いである。ただ、その際、単に理論レベルだけでは十分ではなく、諸宗教の実践がどのような意識状態・パーソナリティを生み出してきたのかという視点から見ることが不可欠だと思う。

# 宗教から霊性へ

## 閉じる宗教と開く宗教

これまで「宗教」という一つの名前で呼ばれてきた人間の営みの中には、実は二つの異なった面が含まれている。迷信・盲信・狂信によって、独善の世界に閉じていく面と、悟り・信（＝真心）・愛・慈悲によって、他者や世界や宇宙全体に向かって開いていく面である。

開かれた検証を経ず、自分たちが「唯一絶対」「最高」だと思い込むことは、盲信・独善にすぎない。それによって相当数の人が、安心や所属感、愛され認められている感じ、精神的成長、癒しや救いなどを実感しているとしても、である。そして独善による布教・伝道は、単なる取り込みであって、外に開くことではなく、実は内へと閉じることにすぎない。慈悲や愛のつもりの、盲信された熱狂的な布教活動ほど、はた迷惑なものはない。

が、もう一方、たしかに宗教には、人間が自分を超えた大きなにものかによって生かされて生きていること、すべての人、生きもの、さらにすべてのものが、大きなものに包まれながらつながりあっていることの直感・自覚という面がある。それは、人の心を他者や世界や宇宙へと開いていくものであり、同時に理性的批判や検証に対しても自分を開きうるものである。それこそが、宗教の意味ある核だ、と私は考える。

実際の宗教にはたいてい両面が混在しているようだが、本質的には全く異なるものであり、今、「閉じる宗教」と「開く宗教」の区別が、明確になされなければならない。

そういう区別を、まず宗教者の間で共有し、それによってやがて社会全体の良識・常識にもしていくことが、現代日本の宗教者の、最初で、必須の課題だろう。

そして違いを明確に自覚した上で、それぞれの宗教団体が「閉じる要素を最小に、開く要素を最大に」という方向で自己純化すること、それによって宗教全体への社会的信用を回復し、さらには社会自体の純化の原動力となることが、次の、そして最大の課題ではないか、と私は思う。

## 非合理性と自己絶対化を超えて

最近(「も」というべきか)、宗教をめぐる事件がいくつも起きている。それに関する典型的な発言としては、「やはり宗教はダメなのだ」という近代主義的な批判、「あれはニセモノの宗教のやったことで、ホンモノの宗教(しばしば「ウチ」)とは関係ない」という擁護的・弁護的発言、「こうした事件には現代の問題が象徴的に現われている」という批評、「宗教の自浄能力が問われている」という反省などが見られる。

私見では、どれも部分的に当たっている。なかでも宗教自身の自浄能力への反省が、もっとも実りあるものになる可能性をもっていると思う。しかし、反省だけでも、またこれらの四つの発言を足すことによっても、実際かつ有効に「自浄作用」が行なわれるとは思えない。「宗教」という言葉で呼ばれてきた人間の営みの、どこに時代を超えた普遍的な意味があり、どこに反省・自己批判・廃棄されるべき問題点があったかということそのものへの、深く正確な「自覚」がないかぎり、「自浄」は不可能だろう。「ホンモノ」と「ニセモノ」といった根拠不明の区別、しかも「自分たちはホンモノなのだ」という思いないし思い込みからスタートしても、自己満足的な内部改革、自粛にとどまるだろう（それでも、もちろんしないよりははるかにいい）。

先に、「閉じる宗教」と「開く宗教」の区別の必要について意見を述べた。ここでは、問題をいっそう明確にするために、言葉を「宗教」と「霊性」――ほぼ英語の「スピリチュアリティ（spirituality）にあたる――に替えたい。

私の知るかぎり、従来の「宗教」のほとんどは、非合理性（あるいは前合理性）と自己絶対化を免れていない。この点については、近代合理主義の立場からの宗教批判はきわめて妥当だったと思う。盲信、迷信、狂信は、現時点から見れば「百害あって一利なし」のようだが、多くの宗教が多かれ少なかれ、なかなかそうした問題点を清算できないでいる。そしてこれまで、それにはそれなりの事情も意味もあった。しかし、もう清算すべき時代ではないだろうか。

盲信、迷信、狂信の部分を一切捨ててもなお残る「宗教」の核を、私はあえて「霊性」と呼ぶ。そのあたりについて、次節でやや詳しく述べたいと思う。

## 神話と体験

幼い子が「これ、なあに」「どうして」とうるさいほど聞く年齢がある。見知らないもの・ことが不思議でたまらない、それだけでなく、不思議・見知らないままでは不安でもあるからだろう。自分とまわりのもの（者・物）がいったい何であり、世界がどうなっているのか、それはなぜなのかといったことを知らずには、人間は生きていけない生きもののようだ。世界の何と何故がわからなければ、どうすればいいのかもわからなくなるからだ。

歴史上、宗教が果たした役割の一つは、そういう問いへの確かな（と見える）答えを提供し、人間を安心させることだった。そういう意味では、答えの内容＝神話が近代理性から見るとどんなに不合理だったとしても、その時代と人々にはなくてはならないものだった。この点を忘れた宗教批判は、きわめて公平さ、妥当性、有効性を欠くものになると思う。

とはいえ、宗教的な世界観＝神話に大きな欠陥があったのも確かだ。

改めて主な点を二つあげよう。

一つは、それが誰でも確かめることのできる方法や手順で作られたものではなく、疑わしかったら確かめ直すことを基本的に認めないという性格、つまり非科学性・非合理性である。

もう一つは、その世界観は絶対とされ、共有しない人は仲間と見なすことができない、それどころか敵・悪魔にさえ見えるという点、つまり党派性・排他性である。

その点、宗教がどこまでも神話を核と考えるかぎり、近代科学およびヒューマニズムと対立せざるをえない。

しかし、神話以前に、神話が生まれる源泉となる体験があり、それこそが宗教の核だ、と私は考えている。ある直感、顕現、啓示、光明体験、覚り……といった体験がまずあり、それが後に神話を生み出す。神話は、体験した人の文化的・時代的あるいは個人的な制約のなかで固定化されていく。

こうした、宗教体験が起こり、神話を生み出す心の深い領域・層とその性格を〈霊性〉と呼ぶことによって、神話と体験の違いと意味を明らかにすることができる。

確かに、宗教体験にはある種絶対と感じさせる性格がある。だが、神話は、特定の制約をもっている以上、決して絶対ではありえない。人間の霊性にとって、神話には一定の意味があり、体験にはさらに根源的な意味がある、と。

霊性に関するこうした自覚が、宗教の自浄の出発点だと思う。

## 第一回「トランスパーソナル学会議」

一九九六年五月末、第一回の「トランスパーソナル学会議」が伊豆の下田で開催された。トランスパーソナル心理学の日本への本格的紹介が始まって丸十一年目である。

私も、編集・出版と執筆の両面に関わって推進してきた。

会議の名称が「〜心理学会」でなく、「〜学会議」であるように、トランスパーソナルは心理学の枠に収まらない学問・思想の新しい潮流である。

実に多様な分野の人が関わっているが、そこに共通するのは、「宗教と科学の融合」への志向である。あるいはむしろ「霊性と理性の融合」と言ったほうがいいかもしれない。それに関わって、会議のテーマは「境界を超える対話」だった。

会議は、心理学、仏教、神道、気功、人類学等、様々な分野の講演者のメッセージと聴衆の反応の熱い交流があり、なごやかな雰囲気のなかで、大成功だった。

参加申込みの数でいえば、準備委員の不安を外に、定員四百五十名をはるかに超え、最後はお断りするのに大変苦しんだ。

この数は、参加者何万という集会に慣れた宗教教団の方には、ごくささやかなものにすぎないだろうが、私たちにはそうとうな数だと感じられた。「そうか、やはりそうとうなレベルで〈霊性への渇き〉があるのだ」という感触だった。

私は元牧師で、いろいろな規模と質の集会を経験してきたが、この集会は、モットーの「愛」がきちんと機能した時のキリスト教の集会にも似た、「ここには仲間がいる」という感じがあり、加えて、キリスト教の集会ではあまり感じなかった、「きわめて自由な雰囲気」があって、ともかくとても居心地がよかった。

それはあえて言えば、各個人が、自分の自由な探究の結果として、ゆるやかな共感・合意の線に達し、一つの「場」を形成したこと、強要のない一体性の気持ちよさだったのだと思う。

これまでの宗教では、実際上、一つになることと自由であることとは、しばしば矛盾・対立した。だが、「一即多、多即一」という言葉があるとおり、深い霊性（覚り）のレベルでは、それは矛盾しないはずだ。

自由であること・自分であることを徹底的に掘り下げると、不思議なことにそこに他者や世界と一つになれる、あるいはもともと一つである領域がある。

主催者側の一員として、どうしても自画自賛になりがちだし、完璧だったなどという気はないが、今回は、その線にかなり近づいた、いい集いだったと思う。

これは、参加した諸宗教、各宗派のリーダーの方の何人かとも共通する感じだったことをつけ加えておきたい。

## お盆の季節

今年も夏がめぐってきた。お盆の季節である。親族が集まって、迎え火を焚いて亡くなった人を迎え、仏壇に供えものをし、供養をしていただき、やがて精霊流しをし、送り火を焚く。そうした懐かしい夏の宗教行事は、しだいに廃れつつあるようだが、意外に根強く残ってもいる。いわゆる霊の存在をあまり信じない人も、この季節、なにほどか亡き人を想い、その存在感を思い起こす。

人間は、生理的な身体と、その一部、つまり物質である脳の働きとしての心からなる、結局は物質なのか。そういう物質の組み合わせが崩壊する、つまり死ぬと、人間はそれっきりなのか。そうかもしれないが、そうでもないような気もして、あいまいなまま、伝統としてお盆の行事を続けていることが多いようだ。

しかし若い世代の多くは戦後の物質科学主義教育にどっぷり浸かり毒され、このままいくと、こうした行事もすっかり廃れるかもしれない。「霊なんているものか」「ご先祖さまなんて関係ない」というわけだ。

こういったありふれた家庭風景のなかに、実は現代の霊性の根本的な問題が現われていると思う。おとなも、多くの宗教家さえも、こどもたちのそうした言葉に十分に応えうる言葉をもたないということだ。

そういう私も、まだこどもに届く言葉はつかめていない。ただ、おとなの言葉としてはっきりいえるのは「〈霊性〉とは、自分を超えて自分とつながり、自分を支えている、より大きななにものかを感じうる、深い感性のことだ」ということである。

いのちは、他のいのちとのつながりのなかでしか、いのちでありえない。ご先祖さまなしに私はいないというのは、科学以前も以後も事実だ。

またいのちは、水や空気や太陽や大地……つまり他のいのちでないものともつながっていなければ、いのちでありえない。自分のいのちの直接の源泉としての先祖、人間のいのちの営みすべての源泉としての自然、それらを「神仏」として崇めてきたのが、日本人の霊性の原点だった。

幽霊、亡霊、霊魂……が物理的に実在するかどうかがいちばんの問題ではない。人間は、ひととも自然ともつながっていること、そのつながりそのもの、つながり・交流する力のことを〈霊〉というのではないか。

「ご先祖さまのいのちがきみのいのちにつながっている。決定的に関係あるじゃないか」「それを霊というんじゃないかな」……という言葉で、いまのこどもたちがただちに実感できるとも、納得するとも思わないが。

まずおとなが自分のなかでしっかりと、そうしたつながりの感性―霊性を回復し、体験し、そのなかから新しい言葉を編み出していかなければならないと思う。

お盆を、そういう霊性の再生の季節として迎えたいと思う。

## 白山ワークショップ

この夏（一九九六年）、三年ぶりに白山にワークショップに出かけた。山には、変わることのない清々しい気が満ちていて、今年もまた爽やかに癒された。

世界遺産に指定された合掌造り集落の民家に泊まり、マイクロバスで白山スーパー林道を走り、ブナ林で五感を開くワークや自然の呼びかけを聞くワークを行なった。

それから白山比咩《しらやまひめ》神社に参拝し、境内で、参加者の方に、白山がもともとは修験道——両部神道、つまり神仏習合の霊地であることを話した。

車の窓を開け、入ってくる霊気というほかないほど清々しい気を、意識して十分吸っていただいた後では、白山が神と崇められた山であることを自然に納得していただいたようだ。

山と自然を「物」、観光「対象」とする見方は、「いい景色」という感動や「いい気持ち」を誘う。しかし、こちらの心の構えが変わると、山は別の味わい・雰囲気、さらに別の力——癒しの力も与えてくれる。

山懐の、まるで日本昔話に出てきそうな懐かしい風景の小さな集落に帰り、近所の温泉でくつろいだ後、夜、田のあぜの草の上で、月光浴をしながらの瞑想を行なう。せせらぎの音、虫の声、すーっと飛ぶ蛍の光を導入に、やがて、みなさんへのご指導などどうでもよくなりそうなほど、自分自身深く入ってしまった。

その他、唯識心理学のレクチャーを少し、食前の感謝はキリスト教式のお祈り、最後はチベット仏教に由来する倍音声明という声を出す瞑想法と、私の提唱する「神仏基習合」スタイルのワークショップである。

実はこうしたスタイルは、全然新しくない。そもそも白山の開山泰澄上人やその少し前の世代の役行者、そして代表的には空海など、明治の神仏分離まで、日本人にとって、神仏習合のスタイルがもっとも自然に誰でも受け入れることができるものだったのだと思う（もっとも私の場合、キリスト教も入っているわけだが）。

そこで、心理学というか科学というか、理論や技法の批判―修正の可能性、指導者と参加者の民主的な関係性といった要素を入れているところが、ちがうといえば、これまでと決定的にちがっているかもしれない。

とてもリラックスしていながら真剣な雰囲気のなかで、プログラムの合い間、終わった後の夜の時間、最終日のミーティングなどで、それぞれが抱えている深く重い問題について話し合われ、私も問われた。

だが、それぞれの人生の問題に、予め決まった答えなどない。答えは、自分が、自然・神仏・大いなるなにものかと対話―格闘して得るものだ。私にできることは、いくつかの瞑想の技法をお伝えし、何か、いくらかでもヒントになることをお話しすることだけだ、と思っている。

こうしたスタイルは、あるタイプの現代人にはかなり有効な霊性の道の一つではないかと思いながら、私はワークショップを続けている。

## 象徴的な体験

去年（一九九五年）母が亡くなり、父と同じ教会に納骨するために、この夏、兄弟たちと父の郷里の因島《いんのしま》に帰った。

瀬戸内のおだやかな海、のどかな島々の景色は昔と変わらなかった。

教会へ行くと、父母の導きを受けたという古い信者さんが迎えてくださった。牧師さんは何と高校生の頃、青年の修養会でご一緒したことのある先輩だった。

納骨堂の前の芝生で、久しぶりに蟬の伴奏付で讃美歌を歌った。記念としての骨は地上に、魂は天にあり、やがて自分も天国に行き、愛する人たちとまた会うことができる……それは私にとって、もはやそのまま信じてはいない神話だが、何か暖かくリアルなものを感じた。

神話・信仰を共有する、何十年、いや一生続きさえする誠実な人間関係、それは信仰者の幸福である。

納骨式が終わった後、兄弟で岡野家の父祖の地を訪れた。村上水軍の副大将格の家だと聞かされていたが、菩提寺の墓地へ行くと、なるほど始祖「藤原対馬守岡野道宗」の碑があり、近くに小さいながら「岡野明神」と「藤原神社」があった。

「なるほど、うちのご先祖さまは神さまなんだ」とみんなで笑った。キリスト教の建て前からいえば人間礼拝・偶像礼拝で許されないということになるが、今の私はそうは思っていない。まじめに二礼二拍手一礼の礼拝をした。ここでも蟬の声と夏の繁りの濃い緑が心に残った。

もう一度寺に回り、改めて扁額を見ると、真言宗密厳浄土寺……そういえば、去年から真言宗の雑誌に空海についてエッセイを連載しているし、最近、真言系の宗教の雑誌のインタビューも受けた。こういうことをただ偶然と考えてもいいが、何かご縁かなと感じるほうが人生が豊かだと思う。

さらなるルーツは大三島らしいという話でフェリーで渡った。日本総鎮守という大山祇《おおやまづみ》神社は、広々として清々しく掃き清められていた。思いなしか、来たのではなく帰ってきたという感覚があった。

国宝館の系図によれば岡野家は、今岡、河野、越智、宮司の大祝家と縁続きらしく、とすれば、海と山の神大山祇の神まで続くことになる。

……こうして期せずして一日のうちに基―仏―神とお参りした。

もちろんただ自分の話をしたいわけではない。こうして自分の知らないうちに、実にたくさんの不思議な縁の糸によって、神仏基習合という形がゆっくり織られてきていて、それが今、私にはとても自然に感じられており、さらに現代の霊性全体に関わる象徴的な体験のようにも思えた、と言いたかったのだ。

## 摂大乗論を訳す

九月末（一九九六年）、友人の仏教学者羽矢辰夫氏との共訳の『摂大乗論《しょうだいじょうろん》現代語訳』（発行コスモス・ライブラリー、発売星雲社）を出版した。大乗仏教の三大論師の一人アサンガ＝無着菩薩の主著で、大乗仏教のエッセンスを体系的・説得的に述べた名著の真諦三蔵訳からの重訳である。

『摂大乗論』は、初めて出会った時、仏教出身ではなく、いわば外から仏教にアプローチした私に、仏教でいう無明と悟りとはどんなものなのか、最もよく論理的に納得させてくれた本である。それから二十数年たって、その他の経典や論書もかなり読んできたが、いまだにそうであり続けている。

それ以来の、そうか、仏教の本質、現代にもそのまま通じる普遍性はこれなのだ、という感じの自分の了解を、できるだけ多くの人と共有したいと思い続け、現代語訳を志してきた。忙しさに紛れ、なかなか完成できなかったが、ようやく出来た。

そこにちょうど、友人で、長年クリシュナムルティの翻訳紹介に携わってきた大野純一氏の出版社設立と重なり、その最初の出版物として出していただくことになった。

かつて仏教国だと自任していた日本が、信じられないほどの精神性／霊性の水準低下に陥っている――と私は思う――状況の中で、いわゆる仏教徒ではない私が、大乗仏教とは何だったのか、そして人類の未来にとって何でありうるのか、鮮やかに方向を示す潜在力を秘めた古典を読み解く仕事をすることになったのは、不思議でもあり、有り難いことでもある。

理性は霊性ではなく、悟りの論理の理解は悟りの体験ではないが、日本の仏教が、本当に現代のものとなり、現代人の霊性を育む力となるには、まずもう一度、神話や教条を超えて理性的・論理的にも妥当性・説得力をもつ仏教の本質を自ら認識し直すことが不可欠だ。

そういう意味で『摂大乗論』は、今こそ宗派を超えて読まれるに値する、圧倒的説得力のある仏教の本質論だと思う。霊性と理性の統合の典型を、千数百年前すでにみごとに示した、いわば人類の英知の遺産といってもいいのではないか。

十月半ば、出版記念会を行なった。ささやかではあったが、精神世界関係の翻訳家、僧侶、精神科医、小児科医、変革運動に関わってきた人、編集者など、時代の変化を敏感に感じている人たちが集まって下さった。これは日本の霊性の世界に大きな変容が起こる、小さな兆しかもしれない。

## いまこそ習合を

この頃、私たちの日本という国はいったいどうなっているのだ、と思うことが多い。もしかすると日本の歴史のなかでも、こんなに精神性／霊性のレベルが低下したことは、かつてないのではないかという気がする。

ここでは、具体的な現象を羅列して分析することはしない。ただ一言で言えば（あまり単純化するのは危険だがあえて言うと）個々のさまざまな現象の背後にあるのは、社会のあらゆる領域で、畏れをしらず、恥をしらない、エゴイズムが浸透・氾濫しているということなのではないだろうか。

もちろん、おそらくいつの時代にも人間の大多数は多かれ少なかれエゴイスティックな傾きをもっていた。しかし、それはちがうという共通感覚や、それではいけないという倫理的歯止めもそうとう強固にあったのではないか。

そういう感覚や倫理の基礎には、何を畏れ、何を恥じるべきか、みなが合意し共有するものがあったのだと思う。そして私の推測では、明治以前までの日本人ほとんどが精神的に共有していたのは、神仏儒習合的な世界観だった。

つまり、何を畏れるべきか、何を恥じるべきか、かつて日本人の合意を形成していたのは、神・仏・儒どれか一つの宗教ではなかった。三つの宗教の総合的な——あるいはまさに「習合」的な力が、日本人の精神性／霊性を支えていたのではないだろうか。

ところが、まず明治の神仏分離によって、習合的力は大幅に落ちた。

ついで戦後の民主化＝儒教の全面否定、政教分離＝公教育の場で宗教を教えることの禁止――これは要するに大多数の国民に物質科学主義的無神論が唯一正しい世界観であるかのごとく教えられるという事態だ――の五十年によって、神仏儒習合的世界観は、ほとんど根こそぎ解体されようとしている。

つまり、何を畏れ、何を恥じるべきか、国民的な合意の基盤が解体しつつあるのだ。一見多様に見える現象に共通の基本的な原因は、そこにあるのではないだろうか。

しかし、もはや単純に神仏儒習合に帰ることはできない。繰り返してきたことだが、いま必要なのは、神仏儒習合のもっていた意味を再発見し、科学・理性・民主主義の妥当な面とさらに習合することではないか、と私は考えている。

そういうわけで最近私は、無視・誤解・反発にあうことを承知の上で、あちこちで、いまこそ習合を考えるべきではありませんか、と提案している。

## ケン・ウィルバーの思想

日本人の精神性がかつてないほど低下しているような気がすると前節で言った。だが、易経の「陰極まれば陽に転ず」という言葉のように、これが底のようにも思える。

精神性の低下は、日本だけではなく、西洋に始まった近代全体の問題である。近代には多くのプラス面があったことも確かだが、大きなマイナス面もあった。

近代科学は、物質だけが実在するという物質科学主義に陥る傾きがあり、それが絶対に正しいとすれば、いうまでもなく精神／霊性も物の働きにすぎないことになる。つまり、近代は「神の死」の時代であり、また人間精神の死、生死の意味の死、倫理の崩壊、つまりニヒリズムの時代だったのである。

そして、開国、敗戦という二度の半ば強制的な近代化で、ある面で欧米以上に近代化が進んだ日本では、神・仏・天の死が進みつつある。それが、現代日本の危機のいちばん深いものなのではないか。

しかし今、陽に転ずる大きな兆しもある。それは理性と霊性とを統合する、とてつもなくスケールの大きな著作が登場したことである。

トランスパーソナル思想の旗手ケン・ウィルバーが、自然科学、人類学、心理学、古今東西南北の哲学や神秘思想、現代思想等々の膨大な知見を踏まえて、九五年秋、『進化の構造』(1・2、松永太郎訳、春秋社)という大著と、九六年その要約版『万物の歴史』(大野純一訳、春秋社)を世に問うた。アメリカでは、後者は、発売後ただちに人文書の売上げ第一位になるほどの衝撃をもって受けとめられているが、これから日本の思想シーンをもまるで書き換えることになるだろう。

一言だけ紹介しておくと、「本当の・全体としての宇宙は、人間の霊性をも含んでいる。ただ個々の物質という外面だけでなく、システムとしての集合的な外面をもち、さらに個の内面と社会文化の内面という、四つの顔をもっており、そのすべての面で絶え間ない進化のプロセスにあり、その全プロセスが〈霊〉なのである。ところが近代は、宇宙の四つの面を物質の面のみに矮小化してしまった。それが近代の根本問題だ」という。

同書は、「一切には意味も根拠もない」というニヒリズムや「自分の好きなように生きるしかない」といった発想にこそ根拠がないことを、圧倒的説得力で明らかにしている。

読み了えて、「これが広く読まれれば、日本も必ず変わる。霊性の復興の、本当に新しい時代が始まるかもしれない」と心の深いところから勇気づけられた。

## 仏教の核心

精神史的に言うと、今、日本はきわめて興味深い〈機〉にあると思う。好機とも危機とも言える。それはまず、精神性に関わる深い伝統が、深みはまったくないが相当な妥当性と圧倒的な力をもった近代主義によって解体・廃棄され、そして引き続いて近代主義も自己解体・崩壊してしまうかもしれない、という危機である。

しかし、その危機は同時に、伝統の持っていた歪み・未発達さを近代主義によって徹底的に修正しながら、その深みを再発見――あるいは、純粋な意味では初めて発見――する好機にもなりうる。

日本とその伝統の流れにべったり同一化していれば、それは大変な危機としか見えないだろうし、抽象的コスモポリタンなら、そんなことはほとんど問題にも思えないだろうが、私は「脱同一化しながらコミットする」という姿勢で、とても心配だが、スリリングでとても面白くもある、と感じている。

「伝統」とは、繰り返し述べてきたように、神道、仏教、儒教、しかもその各々だけではなく、むしろ習合されたかたちのことである。

今は仏教のことだけに限って述べるが、五三八年ないし五五二年に伝来し、五九四年の聖徳太子の「三宝興隆の詔」で本格的・公的受容が決定されてから千四百年以上になる。

ところが、『わかる唯識』『わかる般若心経』（水書坊）などを書くプロセスでいろいろな文献に当たりながら改めて思ったのは、唯識思想も空思想も、市民レベルという意味では、まだほとんど読み解かれていない、したがって常識になっていない、それどころか、いわゆる「進歩的知識人」の場合、ほとんど知識を持っていない、ということだった。

もちろん、仏教がもう何の妥当性も意味もない前近代的・非合理的なものなら、棄てて顧みないのは当然である。しかし私の見るかぎり、地獄・極楽といった神話は、仏教の本質でも中核でもない。

大乗仏教の語ることを私なりに言い換えると、人間は心を含む全宇宙と事実一体であり、したがって全心身的一体感が可能であり、必須でもあるということだ。

近代が解決できなかった、どころか悪化させた、人類間の闘争、自然との危機的な不調和という問題を超えうるのは、そういう空的自覚、菩薩的パーソナリティ以外にはない。仏教の中核にあるものは、前近代的どころか、近代の限界を超える決定的基盤である。それを再発見・発見できるか見失うかの機に、私たちはいると思う。

## 聖徳太子の英断

神田の古本屋街を歩いていて、和綴じ本の聖徳太子『維摩経義疏』に出会った。外箱は色褪せ、見た目はぱっとしていないのに、背文字が目に飛び込んできた。瞬間、ある種の心の高鳴りを感じた。あった！ と。

五年前なら、いや三年前でも、こんな感じで、この本に出会うことはなかっただろう。その感じは、若い頃、発売を待っていた新刊書を手に入れた時に似ていないこともないが、やはり違っている。

実際に読んだのは現代語訳（中村元『聖徳太子』中央公論社）で、しかも最近のことなのに、箱から出して、「乾・坤」とある二巻の漢文の頁をめくっていると、これは昔から知っている世界だという気がした。

思いがけず、さほど高くなかったせいもあって、迷わず買った。すごく得をした気分だった。帰り道、早く包みを開き、もう一度頁をめくりたいと気がせいた。

ごく一般的な歴史知識として、日本の神仏儒習合の伝統の創始者は聖徳太子だとは知っていた。

ところが、自分の仏教の学びが進み、特に自分なりに「空」ということがわかったような気がするにつれ、「ところで、聖徳太子は、この空という大変な思想をどの程度わかっていたのだろう」という、いささか僭越な疑問が湧いてきた。それで、まず現代語訳に当たった。

当たってみて、いまさらのようで恥ずかしいが、驚いてしまった。太子は本当にわかっておられたのである。空・般若の智慧、慈悲、そして菩薩ということ、大乗仏教の中核にあるものを深く的確につかんでいたことが訳文でもわかった。

ただ知的に正確に理解しているだけではない。経の注釈で独自の著作ではないが、〃体得〃した人でなければ語れないオリジナルな言葉が、そこここにちりばめられている。偉そうに言う資格が私にあるかどうかわからないが、そう感じた（もしこれが聖徳太子の作でなく後世の仮託だとしても、この著者の大乗仏教理解の深さには驚くべきものがある）。

当時も今も、大衆レベルは「空」などよくわかってはいない。日本人全体の水準で言えば、仏教もわかって入れたわけではないようだ。しかしトップ・リーダーは、まぎれもなく、わかって受容し、わかって国是（国の精神的・倫理的・法的基準）としたのである。しかも、古来の神道を棄てて取り換えるのではなく、習合するというかたちで〃わかって入れた〃のだ。

これは大英断だ。これほど英明な先覚者をもっていたとはなんと幸せな民族だろう、と思わず目頭がうるむような感動を感じた。

和綴じ本の漢文で、これからもう一度感動したいと思っている。

# II 霊性の心理学へ

# 禅と深層心理学

## 対話の始まり

禅と深層心理学の対話は、鈴木大拙という天才によって、禅が西洋世界に紹介されたときから始まったと言っていいだろう。精神分析の創始者フロイドは、ほとんど東洋を理解する目をもたなかったようだが、その弟子、同僚、そしてやがてライバルとなったユングは、東洋宗教に大きな関心をもっていた。そして、ユングと大拙は何度か話し合ったが、結局はすれちがいに終わったという。

なんらかの意味で実りとなるような本格的な対話は、大拙とフロムのあいだで始められたのが最初ではないかと思うが、その後、日本ではそれっきりで、ほとんど前進が見られない。それに対してアメリカでは、対話、相互理解といったレベルを超えて深められ、後述するトランスパーソナル心理学においては、少なくとも理論的には完全に統合の基本線が提示された、というのが現状である（といっても、精神分析協会に属している精神分析家たちの大多数はそういう問題意識は持っていない)。

そこで、そもそもなぜ統合されなければならないのかに関して私見を述べ、次に、日本の情況と、アメリカのトランスパーソナル心理学に到るまでの情況を簡単に見て、さらにトランスパーソナル心理学、とりわけケン・ウィルバーの理論を紹介し、最後に、日本における今後の展望についても少しだけふれてみたい。

## 時代の要請としての「対話から統合へ」

まず、やや常識的で変わりばえはしないが、近代の問題について述べておくと、やはり、近代は、理性・科学・進歩の時代だということになるだろう。身のまわりを見ると、経済であれ、政治であれ、教育であれ、ますます理性的になること、科学的になること、進歩することを、(少なくとも建て前としては)目指して営まれているように見える。

ところが、近代人は、そうした、理性化、科学化、進歩の方向に引きずられながら、なぜかそうなりきれないものをかかえて苦しんでいる。近代の進歩派が、理性化、科学化によって解決するはずだと考えた諸問題は、いっこうになくなる様子はない。

たとえば、大きいところからいえば、人類内部での〈平和〉=戦争の廃絶の問題を考えると、近代は、第一次、第二次世界大戦という歴史上最大規模の戦争を経験した。そこでの、ナチズム(典型的には、アウシュヴィッツ）、日本軍国主義（たとえば、南京虐殺、七三一部隊）、アメリカ民主主義の偽善（ヒロシマ、ナガサキ）などなどは、理性に対する絶望をもたらしてもなんの不思議もないほど悲惨だ。

そうした戦争を「帝国主義戦争」であり、資本主義の矛盾から生まれたものと批判したマルクス主義国家も、いわゆるスターリニズム（その「社会帝国主義」や「収容所群島」）において、すでに思想的に破綻しているように見える。

そうした自由主義陣営、社会主義陣営双方の思想的破綻を明確に示しているのは、第一に、両者の果てしない核開発競争である。どんな思想表現＝いいわけをしても、核兵器を、人類が何度も自殺できるほどの量を、作り、保有するという事実が、思想の究極的関心＝本音は一国家単位の自己防衛意識にしかないことを示している。さらに、第二には、両主義ともに、環境の汚染・生態系の破壊のない産業体制を作りえていない。それは、企業エゴ、国家エゴを一歩も出ることができないということを示している。

食糧危機、資源枯渇、環境汚染・砂漠化といった地球規模の、いわば人類とその外なる自然との〈調和〉の問題に対して、たしかに理性・学問は、何がどれほど深刻な問題かを明らかにすることはできたが（たとえば、ローマクラブ・レポート『成長の限界』、『西暦二〇〇〇年の地球』等々）、結局のところ、どうするべきかを明らかにしえたとは思われないし、もし明らかにしているとしてもそれを有効に実現できているとは思われない。

また、もう少し身近な問題を見ても、いわゆる先進諸国における、教育の荒廃、少年非行、登校拒否、家庭の崩壊、犯罪の増加、様々な心の病気の増加などは、社会の理性化（たとえば、就学人口の増加）によって減少するどころか、むしろ理性化（それも知識偏重の）の進行と対応して増加しているようにも見える。

これらの、人類始まって以来といってもいいような困難な問題が山積しているにもかかわらず、今のところ多くの近代人は、これらの現象を理性化・科学化・進歩の不足ととらえ、手をかえ品をかえて、いっそうの理性化・科学化・進歩の追求によって問題を解決しようとしている。こうした発想を「近代主義」と呼ぶとすれば、今、この近代主義が破綻しようとしているのだ、と私は考える。

近代主義はなぜ破綻するのか。それは、理性はエゴイズムを超えられないからである。理性とエゴイズムは同じ源泉から生まれたものであって、理性でエゴイズムを超えようとすることは、血で血を洗うようなものである。理性とエゴイズムはともに、自分があって、他者があり他の物があるというものの捉え方・主客対立的認識を基礎としている。それを仏教・禅では〈分別知〉と呼んで克服しようとしてきた。分別知としての理性は、エゴイズムとまったく同根であるばかりでなく、むしろエゴイズムの前提でもある。守るべき〈自我〉が実在しているという思いを前提にして、すべてが、認識され、評価され、計画され、営まれるのである。したがって、そこにはかならず、自我に対して、利益になる他者や物、害になる他者や物、関係ない他者や物があるという分別・分け隔てが生まれる。

たとえ、自我が、いわゆる〈個人〉から集団、たとえば村、会社、国、教団、人類、生態系などに拡大されても、結局は、限定であり、区別→分け隔て→差別を生み出すことを避けられない（ここで大きな反発を招くことを承知の上で、あえて、人類エゴイズム、エコ・エゴイズムがありうるという点を指摘しておきたい）。集団は、どんなに拡大されてみても、他の集団に対する自分の属する集団という図式を超えられない以上、エゴイズムに抗することはできない。むしろ、集団化されたエゴイズムの方が、もたらす被害は大きいのである。個人は、集団への献身の結果、私利私欲のためにやっているのではない、エゴイズムを超えている、という錯覚に陥るからである。集団の利益のためにある集団のメンバーが他の集団のメンバーを抹殺すること、それは今でも〈正義〉と呼ばれている。理性は、ほとんどの場合、そうした集団エゴイズムを見抜くことができないし、自己保存の欲求に勝つことはできない。それは、いわゆる〈自我の防衛メカニズム〉によって、ものごとを自分の都合のいいように解釈する傾向をほとんどまぬがれえないからだ。

いわゆる近代の〈進歩〉は、こうした、理性とエゴイズムの結合から自由ではない。それどころか、そこから生み出されたものだとさえ言えるのではないだろうか。デカルト・ニュートンモデルの主客対立的認識こそが、現代の危機の元兇である、という指摘もなされている（F・カプラ『ターニング・ポイント』吉福伸逸他訳、工作舎、一九八五年）。たしかに、戦争は明らかに国家のエゴの、環境破壊は産業エゴと国家エゴと人類エゴによる複合汚染と捉えられるのではないだろうか。原理的に言って、エゴイズムにまといつかれた〈理性・科学・進歩〉は、平和も調和ももたらしえない。

こうした情況のなかで、禅と深層心理学は、それぞれ局面が違うとはいえ、共に〈自我〉や〈理性〉の相対性、問題性に対する深い洞察をもつものとして、近代主義の克服、エゴイズムの克服という時代の課題を担わされているのではないだろうか。私は、両者の統合は時代の要請であると考えている。

## 対話、またはすれちがいの歴史

では、実際には、禅と深層心理学の関係はどうであったか。時代的要請は自覚されていたか、対話からさらに統合へと進んできたかというと、残念ながら、ここ十年以上、日本では私の知るかぎりでは、対話すら前進していない。ほとんど相互無視といっていいほどのすれちがい、よくいえば、共存状態であったように思われる。

禅は、鈴木大拙、西田幾多郎、久松真一、西谷啓治らによって、西欧哲学にも劣らない、劣らないどころかはるかに「深い」ものとして、思想界における地位を確立されており、他方、精神分析（フロイド派）は、日本ではあくまで精神治療法として導入され、精神医学界では、戦前から戦後しばらくは、その性理論のため、非常に特殊な立場として異端視されてきたが、性への抑圧が少なくなってきた今、その臨床効果や、社会心理の解釈（たとえば、小此木啓吾氏の「モラトリアム人間」論）の有効性によって、大きな発言権を獲得している。また、神秘的要素のため学問としては認められにくかったユングの分析心理学も、同様に、臨床効果と、社会心理の分析（たとえば、河合隼雄氏の「母性社会」論）の面白さによって、社会的発言権をもつようになった。そして、それぞれは、まったく違う分野のものとして、とりたてて競合あるいは対立することもなければ、対話や協力がなされることもなかった。

なぜだろうか。私の見るところ、禅者はみずからの立場の〈深さ〉に自己満足し、深層心理学者はみずからの立場の〈有効性〉に自己満足していたからではないかと思われる。

たとえば、大拙は、「〔ユングの無意識論は〕欧人の所説としては、すこぶる面白い所がある。ただ、欧人では『悟』経験に至ることは至難の企てであるというが……禅もいつかは彼らによって十分理解せられるであろう」（『禅への道』春秋社版禅選集4、一七七頁）と述べて、西欧人が禅を理解することを問題にするのみで、日本の禅者がユング心理学を理解する必要については何も語らない。

また、久松真一は、ユングとの対談の後で、「ユング教授は、この対談中、さきに、私が、人間を一切の悩みから一度に解放することはできるかどうか、と質問したのに対し、そんなことができますか、と二度も反問しておきながら、後には、究竟解脱の涅槃を肯定し、ことにわれわれは『集合的無意識』からさえも解放されることができる、とまで言われたことは、精神分析者としては重大な発言と言わねばならぬ。もしユング教授のこの発言通りであるならば、そこに精神分析の立場から禅への通路も開け、精神分析治療の悪無限性を克服できることにもなり、精神分析そのものが一歩前進することになるように思われる」（「無意識と無心」久松真一著作集第一巻、三九七頁）と言っている。これは、どう読んでも、精神分析が一歩前進すると、禅に解消されるというふうにしか読めない。事実、ユング心理学の成果は、対談以前にも以後にも、久松禅学に取り入れられた様子はないのである（理想社版著作集で知られる範囲では）。

たしかに、フロイド派であれユング派であれ、実際の臨床治療によって実現されるのは、結局は自我の拡大・再確立（ユングの「自己実現」もそうであろう）であって、自我があるかぎり、また悩みが生まれるという「悪無限性」は残るであろう。しかし、だからといって、その相対的・段階的有効性（後述）が捨てられていいとか、禅で、誰でもいつでもどんなことでも解決するとは思えないのである（禅の高僧の自殺を考えてみよ）。

こうした対話に比べると、『禅と精神分析』（小堀宗柏他訳、東京創元社、一九六〇年）からうかがわれる、大拙とフロムの対話は、やや生産的である。といっても、大拙の側は、「私の言う無意識と精神分析学者の言う無意識とは言葉は同じでもその内容は別である」（二四頁）とし、「宇宙を貫通する無意識」「宇宙的無意識」を語るのみで、精神分析で言う無意識の意味をほとんど問題にしていない。

それに対して、フロムは、きわめて謙虚に、「知性化、権威、自我の迷妄に関する徹底した態度において、また最良の状態の目標を強調する点において、禅の思想は精神分析家の水平線をより深くより広くするであろう。そして、全幅的意識的覚醒を究極の目標として、現実を把握するという、より徹底的な考えに到らしめるであろう」（二四六頁）と、禅の「深さ」を認め、禅から学ぼうとしており、精神分析が禅に貢献しうることについては、わずかに、精神病的な異常体験と悟りの区別を明快にする助けになることのみをあげている。

しかし、フロイドから出発してフロムが深化させた精神分析（的社会心理学）からわれわれが学びうるものは、決して禅によって代替されたり止揚されたりするようなものではない。それは、第二次世界大戦における日本の大多数の禅者の無惨なまでの、無批判的・積極的戦争協力（市川白弦『日本ファシズム下の宗教』エヌエス出版会、参照）と、フロムの『自由からの逃走』（一九四一年）におけるナチズムへの本質的な洞察・批判とを比べ、戦後における多くの仏教者の資本主義社会と高度経済成長路線への無自覚な迎合と、フロムの『正気の社会』（一九五五年）における現代社会批判を比べると、明らかである。

禅的な悟りにおける個人レベルのエゴイズムの克服は、近代の問題としてのあらゆるレベルにおいて蔓延しているエゴイズムの克服の決してはずすことのできない前提・出発点ではあるが、それですべてが解決するわけではない。禅は、集合的エゴイズムの問題については、認識の方法も対処の方法も持っていないのではないだろうか。

しかし、ユング―大拙、ユング―久松、フロム―大拙の、「どちらが深いか」式の対話、ないしすれちがい以後も、加藤清、辻村公一両氏の論文「ユングの分析心理学」（久松真一『禅の本質と人間の真理』創文社、一九六九年、四六九頁以下）を見ると、ここでも「……人間理解の深浅という点に着目して……その実効性の有無ということは……問題にしない」ことになっているし、玉城康四郎氏の「道元の現代思想的意味」（『現代思想と道元』春秋社、一九八一年）での道元とユングの比較も、「……ユングもまた主張する全人格性が、道元の思惟の全人格性に比較して不徹底である」（六五頁）という論旨である。要するに、「精神分析より禅の方が深い」という話なのである。

たしかに、禅の見ている心のレベルの方が、深層心理学の見ているレベルより深いと思うが、しかし、だから禅が精神分析の役割を、より徹底した原理、方法、有効性で代替しうるかというと、そうではない。問題となる心のレベルが異なっているのである（この取り扱うレベルの違いとそれぞれのレベルにおける有効性・正当性を明らかにしたのが、後述のトランスパーソナル心理学である）。

こうした禅界の情況に対し、深層心理学の方はどうかというと、私の知るかぎりでは、これまた成果はまったくない。最近では、むしろ心身医学の側から、禅の健康法、精神―身体医学的な有効性を取り入れようという動きが見られるし（たとえば、池見酉次郎・弟子丸泰仙『セルフ・コントロールと禅』NHKブックス、一九八一年）、瞑想の一種としての坐禅を脳生理学的に説明しようとする試み（平井富雄『座禅の科学』講談社、一九八二年）もあり、それなりの評価はできるが、思想的にはほとんど深化していないように思われる。

いずれにせよ、今のところ、日本では、まだ禅と深層心理学の本格的対話→統合は起こっていないし、それぞれまったく異なった分野のものと相互に認めあって〈棲みわけ〉しているというのが、現状のようである。しかし、ようやく、精神分析の岸田秀氏とキリスト教神学・宗教哲学の八木誠一氏の対談『自我の行方』（春秋社、一九八二年）などで、自我の問題性について、精神分析と宗教が共通の場で学びあえることが明らかになってきており、こうした対話が、さらに深められることが期待される。

## トランスパーソナル心理学とは

こうした日本の情況に対して、アメリカの情況は、はるかに進んでいるといえよう。

精神分析は、フロイド以後、その起源であるドイツ語圏よりも、むしろ英語圏で勢力を得、一九五〇年代には、行動主義的な実験心理学と並んで、アメリカのアカデミックな心理学の主流となっていたという。

F・カプラによれば、この両者は、一見非常にちがったアプローチをしているように見えるが、行動主義者は、心を神経生理学的な〈刺激〉と〈反応〉という要素の組み合わせ・相互作用に、精神分析家は、心を〈自我〉〈超自我〉〈エス〉あるいは〈本能〉などの要素の組み合わせ・相互作用に還元してしまおうとする傾向があり、いっさいの現象を原子の組み合わせと相互作用として理解してしまおうとした近代物理学をモデルとした〈要素還元主義〉という点では、おなじパラダイムの上に組み立てられた理論であった（『ターニング・ポイント』参照）。そして、特に精神分析の理論は、主として、ヒステリー、ノイローゼなど、人間の病的な側面の観察から組み立てられたものであった。

それに対し、一九六〇年代に、アブラハム・マズローらは「人間性心理学」を提唱し、人間の心を十全に知るには、反射や本能といった要素に還元し、それの関係を分析したり、人間の病的な面を見るだけではあまりにも一面的であり、価値、自由、意志、自己実現、「至高体験」などの人間的・実存的な問題、人間の極限的健康の側面をも見ていかなければならないと主張したのである。これは、精神分析でもユングの立場にかなり重なるものであった。

こうした運動は、さらに深化され、六〇年代の終わり頃には、個人の成長や自己実現だけでなく、人間性の本質的側面として、霊性とその成長や自己超越をも認知し、それをいわゆる「宗教」のみにゆだねることなく、心理学的にアプローチしようとする新しい勢力（スタニスラフ・グロフ、アンソニー・スティッチ、アブラハム・マズローら）が現われた。

これには、まず、それ以前からアメリカにあった超絶主義（transcendentalism）や、キリスト教神秘主義という前提もあり、またウィリアム・ジェームズの心理学などの伝統もあったのかもしれないが、それよりも、一種知的ファッションにまでなった、禅、チベット密教、上座部仏教、あるいはヴェーダーンタ哲学やヨーガなど、東洋思想の流行（？）の影響が大きいし、またその背景には、ドラッグによる神秘的体験、超常体験が、西欧心理学の枠組みでは捉えきれなかったという情況もあるようである（そういう意味では、トランスパーソナル心理学のカバーする範囲は、「禅と深層心理学」という本論文のワクからはみだしてしまっているともいえる)。人種と思想のるつぼとしてのアメリカ西海岸の、しかも六〇～七〇年代という激動の時代の情況が、それらすべての対話と統合を要請していたと言えそうである。

『古代の英知と現代科学』(国際トランスパーソナル協会、一九八二年、国際会議報告) の序言によると、「人間性心理学者は、神秘体験、超越性、エクスタシー、宇宙意識、瞑想、個人間および種間の共働作用など、それまで無視されてきた心理学の諸領域に関心を示し、これらの関心が、ついに新しい運動——トランスパーソナル心理学——の出現へと結晶したのである」(平河出版社より刊行。大野純一氏の訳稿をお借りした) という。

また、超個人心理学入門とでもいうべき論集『自我を超えて』(*Beyond Ego*. 一九八〇年) によると、「超個人心理学の関心は、心理学的な探求の分野を最高の健康・健全さの研究を含むところまで拡大することにある。それは、意識状態の広大な領域を経験する能力があり、その中のあるものは、エゴやパーソナリティを超えたアイデンティティにまで及ぶということを認める」(『トランスパーソナル宣言』春秋社、一九八六年) という。トランスパーソナル心理学は、〈人間と宇宙との本質的一体性の意識〉にまで到ろうとしているのである。

## 意識のスペクトル

しかし、その場合、トランスパーソナル心理学に特徴的なことは、区別なしのべったりの〈一体性〉を考えていないということである。

トランスパーソナル心理学の代表的理論家の一人、ケン・ウィルバーは、心の諸層を電磁波のスペクトルにたとえて、様々な宗教や心理学の心に関する説は、心の諸スペクトルをそれぞれに捉えているものであり、それぞれの見ているスペクトルに関するかぎりは、それぞれに正しいが、どの理論も全スペクトルを捉えているのではないとして、全スペクトルを、もっとも深い「心」のレベルから、「超個」(transpersonal)のレベル、実存レベル、生物社会レベル、自我レベル、「影」(ユング派の概念)レベルにいたる六つの段階に分かれた階層モデルとして素描している(『意識のスペクトル』(1)(2)、吉福伸逸・菅靖彦訳、春秋社、一九八五年)。

その階層構造論について、くわしく紹介するスペースはないが、心の階層モデルは、これまでのように、それぞれの心理学や東洋思想が平面に並んで「正しい」「正しくない」とか、「こちらの方が深い」と言い合ったり、分野が違うといって「棲みわけ」たりするのに比べて、はるかに生産的であり、正当なアプローチであると思われる。

私自身も、ほとんど同じ発想で、唯識の八識説を手掛かりにした、心の構造論を考えていた。フロイド的精神分析が見ているのは、ほぼ「マナ識（いわば深層自我意識）」の部分であり、ただし、性の問題、発達心理学の側面、家族関係論など、仏教・唯識に欠けている洞察を持っている。ユングの集合無意識は、アーラヤ識と重なる概念であるが、たとえば、仏教にはない「元型」への洞察を豊かにふくんでいる。それに対し、深層心理学に欠けているのは、八識が四つの智に転換したときに明らかになる〈悟り〉〈心〉のレベルへの洞察である。したがって、唯識を媒介にすることによって、深層心理学と禅の生産的対話と統合が可能になるのではないかという見通しをもっていた。

ウィルバーの仕事は、英語文献の事情で、『摂大乗論』『成唯識論』などを参照していないのが残念だが、しかし、『楞伽経』『大乗起信論』の範囲ではあるが、基本的には唯識もふまえ、ヴェーダーンタ哲学、スーフィーの伝統なども広範に参照しており、さらに緻密である。

ウィルバーは、さらに『アートマン・プロジェクト』（吉福伸逸・プラブッダ・菅靖彦訳、春秋社、一九八六年）で、西欧の発達心理学をベースに、誕生から自我の確立への諸段階を捉え、東洋宗教の伝統を綜合、再解釈しながら、自我を超え無我に深まりゆく、より高次の発達段階を明らかにし、人間性の十全な発達のモデルを提出しているが、これも、私の問題意識に引きつけて言えば、〈教育〉と〈修行〉の接点を明らかにする、画期的な仕事であると思う。

ウィルバーの他、トランスパーソナル心理学の先輩格の人として、フロイドの弟子でありながら、後に分かれ、精神分析に対しサイコシンセシス（精神統合）を提唱したロベルト・アサジョーリ、LSDの学問的研究で知られるスタニスラフ・グロフなどがあげられる。彼らの仕事は、日本ではようやく紹介が始まったばかりで、まだほとんど知られていないが、アメリカではさらに展開されている。

## 今後の展望

さて最後に、今後の展望について、一言だけ述べておきたい。

いま、われわれは、核の脅威と環境の汚染・砂漠化の危機に立たされている。多くの良心的な人々が、必死になってそれと闘っている。だが、どんなに熱心で良心的であっても、エゴイズムにまといつかれたままの〈人間性〉が、それを克服できるとは思えない。〈核〉と〈砂漠〉の脅威は、魂の革命によってのみ超えられる、と私は考える。

禅と深層心理学が〈棲みわけ〉ることで済んできた情況については、禅仏教界、深層心理学の学界の全体という面では、社会的に〈分野〉つまり〈なわばり〉が確立されているので、すぐに本格的な変化が起こることは期待できないかもしれない。しかしともかく、トランスパーソナル心理学の登場によって、本格的対話→統合の基本的方向性は与えられたと言っていいだろう。この方向にそい、〈魂の革命〉という人類共通の課題に向かって、多くの禅者、深層心理学者が〈なわばり〉と〈棲みわけ〉を超えて、具体的に共同の探究を開始することを期待したいと思う。

# 禅とトランスパーソナル

## なぜ融合か

本章では、禅とトランスパーソナルとの関係にかぎって述べていきたい。

トランスパーソナルは、一九六〇年代末、アメリカ（特に西海岸）で生まれた、心理学の新しい潮流である。その大きな特徴の一つは、西洋心理学と東洋宗教の融合を目指しているという点である。そして、その「東洋宗教」の一つとして、禅がトランスパーソナルの成立に与えた影響は小さくない。典型的な具体例をあげると、トランスパーソナルの代表的な理論家ケン・ウィルバーは、ロスアンジェルス・禅センターの前角博雄老師のもとで坐禅修行をしたことがあるという。

トランスパーソナルにおいて、理論面と実修面をあわせて、どの程度東西の融合が実現できているかは評価は分かれるところだが、すくなくとも基本的方向が時代の要請に応えるものとしてきわめて妥当な線にあることはまちがいない。

私は、融合はかなりの程度まで実現されており、その意味は大きいと考えているので、ここ十年あまり自分でも学びながら、日本への導入・紹介の仕事の一端を担ってきた。

禅―仏教―東洋宗教の伝えてきた人間の心に関する英知と近代西洋の心理学における心の探究の融合は、時代の要請である、と筆者は考えている。すなわち、人間の心というきわめて深く複雑な現象を理解し、さらにそれをよりよいものに高めていく上で、両者は、補い合える、それぞれの洞察や技法が補い合うことによって、現代人にとって実り豊かな心の成長・深まりの道が開ける、と思うからである。

それは、別のやや否定的に響く言い方をすれば、どちらもそれだけで十分ではないということでもある。もし、それぞれに関わる者が、人間の心をよりよく高め・深めていく道として、自分たちの立場が「唯一」あるいは「最高」で、他によって補われる必要などないと自己完結的に思い込んでいるかぎり、融合は課題にならない。

また、そこまで自己完結的に考えてはいないとしても、「それぞれ分野や役割が違うのだから、それぞれでやっていけばいいのであり、たまに対話・交流くらいはしてもいいが、補ってもらわなければならないような不足はない」と考えれば、融合という課題は関心の視野に入ってこないだろう。

しかし、唯一ないし最高という思い込みも役割分担という発想も、時代の要請に応えるという視点からすると十分ではない、と私は思う。

現代人は、心に関する——心だけではないが——いくつもの大きな問題に直面している。大きなところでは、戦争と環境破壊の克服という課題、すなわち、どのようにして人類がお互いに平和に、全生態系・生命系全体と調和した生き方ができるか、それを可能にする共通の価値観・世界観をどのようにして形成するか、という課題がある。より身近なところでは、子どもたちのなかでのいじめ、不登校、非行、あらゆる年齢層でのノイローゼや心身症、生きがい・生きる意味や目標の喪失、家庭の崩壊に代表されるような社会のさまざまな局面での人間関係の不調、社会全体の暴力性の増大などなど、じつに無数の、心をめぐる問題が噴出している。

禅・仏教は、こうした問題を根源的に超える原理的な可能性・深さをもっている。しかし、現代の禅界—仏教界の理論や方法や活動はそれを十分に生かし対応することはできていないように見える。それには、理論や方法の現代的な修正・展開・応用という意味で不十分なところがあるのではないだろうか(もし、私の認識不足による偏見であれば、ぜひご教示いただきたい)。もしそうだとすれば、きわめて残念なことである。

一方、西洋心理学(心理療法を含む)は、そうした問題に対応する一定程度の有効・妥当な理論と方法をもっている。しかし、生命系の破壊、戦争、人種差別からいじめに到るまで、人間の抱えている問題の深さ(煩悩)と、同時に可能性の大きさ(仏性)については、禅・仏教から学ばなければならないことも多い。

やや単純化していえば、禅・仏教の深さと心理学の有効・妥当性が融合したならば、現代の問題にひじょうに適切にしかも根源的に対応することのできる「心の道」が開けてくるのではないか、と私は期待してきた。そして、トランスパーソナルはそういう融合の試みとして、かなりのレベルに達していると評価した（「禅と深層心理学」本書所収、参照）。

## 心の階層構造

とはいっても、トランスパーソナルは、一定の統一的な理論と技法を基にしているという意味での「学派」ではなく、おおまかな方向性の一致による「潮流」であり、「トランスパーソナルの理論と技法はこういうものだ」と単純に要約して述べることはむずかしいので、共通する特徴および禅との関係を述べるにとどめたい（より詳しくは前掲『トランスパーソナル心理学』参照）。

まずトランスパーソナルは、①人間の心を捉える上で「階層構造モデル」を使い、もっとも深い層として「空」「宇宙意識」の存在を認める。トランスパーソナルに先行する西洋の深層心理学では、心を意識と無意識という階層構造で捉えている。なかでも創始者ともいうべきフロイドは、個人的・生活歴的な無意識に注目し、ユングは家族、民族、人類などが共有する集合的な無意識の層を認めた。建物にたとえると、フロイドは二階建て、ユングは三階建て、トランスパーソナルは四階建てということができるかもしれない。

「深い・浅い」という表現でいえば、禅・仏教の「覚り」は、いうまでもなく、もっとも深い層の

「空」「宇宙意識」のレベルにあたる。こうした捉え方は、仏教の深層心理学ともいうべき唯識の理論とは、かなりよく一致するものであり、もし禅が唯識理論を禅定と覚りの体験の理論化として認めることができるとしたら、さらに唯識理論を媒介として禅とトランスパーソナルの実り豊かな融合が成り立つのではないか、と筆者は考えている（拙著『唯識の心理学』、同『わかる唯識』参照）。

ということはさらに、唯識を媒介にすることによって、フロイドの精神分析、ユングの分析心理学、さらにはアドラーの個人心理学と禅やトランスパーソナルの融合も可能になるということである（『唯識のすすめ』NHKライブラリー、参照）。

## 心の発達段階

さらにトランスパーソナルは、②人間の心は、自我意識以前の状態から、自我の確立をへて、自己実現のレベルに到り、さらには自己超越のレベルに到る成長可能性をもっていると捉える。親や社会に依存したり、癒着していない、独自の判断・権利・責任の主体としての〈自我〉の確立は、必要・不可欠の発達段階ではあるが、人間の成長はそこで止まるのではない。かけがえのない自分が自分独自の可能性を十分に発揮しながら、しかも他者や社会と実り豊かな調和状態にあるという意味での〈自己実現〉に到ることができる。さらにその自己がじつは他者や人類や自然・宇宙と本質的には一体であることを自覚し、限定された小さな自己を超える段階＝〈自己超越〉に到る発達も、人間には可能であるという主張が、トランスパーソナルの心の発達論の特徴である。

自我の確立は人間の成長にとって必要・不可欠な段階であると捉える点で、一見、禅における〈無我〉の強調と対立するかのようであるが、もし〈無我〉という概念を、自我確立から自己実現を経てさらに到達する〈自己超越〉の段階を指すものと捉え直すことができれば、人間発達論の面でも、深層心理学、人間性心理学、さらにトランスパーソナル心理学と、禅―仏教の融合が可能になるだろう。

## セラピーと修行

③トランスパーソナル心理学のもう一つの特徴は、その実践性、セラピー（心理療法、自己成長・自己超越の実践的技法）にある。空・宇宙意識のレベルとか自己超越というのは、たんに思想的・理論的に語られるだけではない。適切なセラピーの実践によって、誰でも比較的容易に体験できるというのである。

もし、トランスパーソナルと禅・仏教が、心の構造論と心の発達論の面で融合できれば、セラピーと禅定・修行の面でも実り豊かな融合が可能になるだろう。また、実際、アメリカの禅センターなどでは、かなりの試みがなされつつあるようである。

私は、日本でもそうした融合の試みがなされることを期待している。先に述べたような現代の課題に応えていくためには、どちらかだけでは十分でないと考えるからである。

しかし、その場合、困難なことは、第一に、従来、禅ないし禅者は、心や悟りといったことについて理論化することを嫌ってきた（「不立文字」）ため、トランスパーソナルのようなかたちで理論化することに、あまり関心がないか、あるいは非常な抵抗があるだろうということである。

第二には、禅では、禅定中に心のなかに浮かぶ言葉、イメージ、記憶、思考、感情などを「雑念」「妄想」と捉え、特にイメージが展開していくことを「魔境」と呼んで、それらに「とりあわない」よう指導する。ところが、トランスパーソナル系のセラピーでは、イメージや幼児期の記憶、それにともなう怒りや憎しみ、悲しみなどといった激しい感情などに、まともに向き合い、むしろ増幅して、徹底的に体験するよう促すことが多い。そのことによって、カタルシス（発散・浄化作用）が起こると見ているからである。具体的な実践の場――特にその初期段階――で起こることの印象だけでいえば、禅とトランスパーソナルは、静と動、鎮静と興奮、水と火といった感じで、とても相容れるとは見えないケースも多いだろう（吉福伸逸『トランスパーソナル・セラピー入門』平河出版社、参照）。

しかし、私は人間の心というきわめて複雑な現象に対応するためには、どちらの方法も人や状況に応じて必要・有効なのではないか、と考えている。

## トランスパーソナルの姿勢

以上、三つに加え、筆者が特に重要だと思うのは、トランスパーソナルの基本的な姿勢である。④「トランスパーソナル心理学」という名称のとおり、近代西洋科学的な合理性・批判的理性の立場をしっかり堅持しようとする姿勢が、トランスパーソナル——の良質な核——にはある。宗教の世界で語られてきた「神秘体験」「超常体験」「超越体験」「宇宙意識」「覚り」などなどの心の現象がありうることをはっきり認めるが、しかし同時に、それらをやみくもに信じるのではなく、それが事実であるか、有効・妥当であるかなどについて、しっかり検証していこうという姿勢をもっている。そこが、従来の言葉の悪い意味での「宗教」とはまったく違っている（とはいっても、残念ながら、実際のトランスパーソナリストのなかには、ほとんど新しい宗教の一種としての「トランスパーソナル主義」に陥る傾向もないではないようだが）。

盲信・迷信・狂信や独善に陥りがちであり、自己内部へと「閉じる宗教」に代わって、トランスパーソナルは——そのいい意味での科学性をしっかりと堅持するならば——現代人の魂の深い渇きを癒す「開かれた霊性」の道になりうる条件を備えていると思う。私は、そこにトランスパーソナルの可能性を見ている。

しかし、その可能性を十分に結実させるには、まだまだ禅・仏教から学ばなければならないものが多いとも思っている。

# トランスパーソナルの可能性

## 総合的な人間観

はじめにきわめておおまかな言い方をすると、トランスパーソナル心理学は「西洋心理学と東洋宗教」「科学と宗教」あるいは「理性と霊性」の融合の試みである。そういう意味でいえば、トランスパーソナル心理学には、心理学という専門分野の一つの新しい潮流という面と、それにとどまらない分野を超えた総合的な人間観という面の両面がある。試みがいまのところ全体としてどの程度成功しているか評価は分かれるにしても、その方向性そのものにトランスパーソナルの可能性の核心がある、と私は考えている。

一九八四年に、翻訳家・セラピストの吉福伸逸氏を通じて、トランスパーソナル心理学の存在を知り、それ以来日本に紹介・導入するについて一役買ってきた。買ったついでといってはなんだが、その勢いで『トランスパーソナル心理学』という入門・概説書も書いた。

しかし、輸入総代理店としてふるまうつもりも力もなく、またそう見られると自分の勝手な発言がしにくくなるので、現在は自分の看板としては「トランスパーソナル心理学」ではなく、「ホリスティック心理学」あるいは仏教的な面に限定した場合は「唯識心理学」を使っている。したがって、トランスパーソナルを論じる最適任者とはいえないかもしれないが、これまでの経緯もあり、トランスパーソナルの二つの面での可能性、とりわけ日本における今後の可能性について、半ば内部、半ば外部といった視点からの私見を述べさせていただくことにする。

## 心理学としてのトランスパーソナル

簡略に、トランスパーソナル心理学とは何か、復習的に述べておこう。

トランスパーソナル心理学は、心理学の分野でいえば、物質科学主義・実験主義・行動主義的な心理学、フロイド派の精神分析、人間性・実存心理学に続いて、一九六〇年代末に登場した、アメリカ心理学の「第四の勢力」である。

アメリカ心理学会会長を務めたこともあるA・マズローが、「第三の勢力」である人間性心理学を創始し、さらにまたトランスパーソナル心理学をも創始した。創立の賛同者には、ヴィクトール・フランクル、メダルト・ボスなど、よく知られた心理学者たちが含まれている。そういう意味でいえば、しばしば印象で誤解されるのと異なり、トランスパーソナルはアメリカ心理学の正統的な発展の線上にあるといえよう。

マズローらは、行動主義が「刺激―反応」「条件づけ」といった人間性の機械的な側面に、精神分析が「神経症」「性欲」「攻撃性」「本能」といった人間性の病的または低次の側面に、研究の関心のほとんどを向けていることに不満の意を表わし、「愛」「自由」「創造性」「自己実現」など、人間のより健康で高次の側面をも研究対象としうる総合的・全体的な心理学の確立を目指して、「人間性心理学」を提唱したのである。

ところが、人間性心理学の創始―確立の過程に並行して、六〇年代のアメリカ（の都市部、特に西海岸）では、禅やチベット密教、東南アジアの上座部仏教、道教、ヴェーダーンタ哲学やヨーガ、イスラム神秘主義・スーフィズムの流れにあるグルジェフなど、さまざまな東洋宗教が流行した。しかも、ただ理論が学ばれるだけでなく、実践の面でも盛んになっていった。さらに、ネイティヴ・アメリカンのシャーマニズムや西欧の神秘主義的伝統の再評価、再発見も行なわれた。それと時を同じくして、ＬＳＤなどのいわゆるドラッグ＝向精神性物質が発見・研究され、民間レベルでの摂取も流行した。

そうしたなかで、さまざまなタイプのエクスタシー、変性意識、神秘体験、超越体験、宇宙意識が、特殊な聖者ではなくごく一般の市民のありふれた体験になっていった。例外的な現象は学問の対象になりにくい。頻発するがまだ解明されていない現象は、柔軟な学者たちの関心をひく。いわば宇宙意識の日常化・市民化が、トランスパーソナル心理学の誕生の大きな原因になっているといえるだろう。

「トランスパーソナル」はtrans＋personalで、日本では、当初、「トランス」というカタカナがtrance（恍惚状態）と混同され、「いかがわしいのではないか」という印象を与える一因になったようだ。しかし、原語はtrans（超越）であって、人間の意識体験として、個別の身体によって他者や環境から分離している個人的（personal）な意識体験が唯一のものであるのではなく、他者や人類や地球環境全体や宇宙と一体化するような、より広く深い意識体験も存在していることを認め、それをも心理学の対象として取り扱うという姿勢を表わすものである。

たしかに、トランスパーソナル心理学には「変性意識」をまともに取り上げようとする側面もある。しかしそれは、「も」であって「だけ」ではない。個人的な意識と個人性（personality）を超える（trans）意識体験の全体に目を向けているのであって、恍惚状態や変性意識だけを扱おうとしているわけではない。

しかし、ことが人間の精神の深いところに関わるものである場合しばしば起こる「深淵に見入るものは、深淵から見入られる」（ニーチェ）という現象があって、変性意識に深入りして変性意識に取り憑かれた研究者もいたようである。そういう意味ではトランスパーソナル心理学には、「君子危うきに近よらず」という面もなきにしもあらずである。その限りでは、「いかがわしい」という印象をもたれるのも、まったく無根拠とはいえない。また、かえってそこに魅力を感じる方もいるようだ（率直にいえば、私はそういうところにはほとんど魅力を感じていないけれども）。

いずれにせよ、トランスパーソナル心理学は、先行する心理学各派の成果を十分に吸収しながら、さらにそれらが扱わなかったさまざまな個人性を超える意識体験にも学問の光を当て、そうした意識体験を異常というよりは超正常な、人間にとって本質的な妥当性・価値ある体験として位置づけなおそうとする。

しかしすぐれた研究者たちは、けっしてそれまでの心理学の成果を否定したり、安易に東洋思想と混ぜ合わせようとはしていない。したがって、もちろん宗教的・神秘的な体験も研究対象とするが、西洋科学的な、仮説—実験—証明あるいは修正といった研究の方法とプロセスは軽視していない。実際、セラピーの実践と事例報告、さまざまな臨床実験、さらにはそれらに関する脳生理学的、統計的、社会学的等々の研究なども盛んに行なわれている。

つまり、きわめて簡略に式にすれば、トランスパーソナル心理学＝西洋心理学＋東洋宗教（＋西洋神秘主義＋ネイティヴ・アメリカンのシャーマニズム）とでも表わせるだろう。

とはいっても、トランスパーソナルは、そうした方向性についてのおおまかな一致によって形成されたゆるやかな潮流で、一枚岩的に統一された理論をもつ学派とはいいがたい。もし、実に多様な「トランスパーソナル心理学者」たちの、いまの段階でほぼ共通する特徴をあげると、①人間の心を階層構造モデルで捉え、意識と個人的無意識のほかに、人類の過去の経験に関わる集合的無意識と人類の未来の可能性に関わる集合的無意識ないし超意識の領域の存在を認めること、②人間の成長・発達は、自我以前から自我・個人性の確立で終わるのでなく、個人性を超えた段階にまで到りうると考えること、③超意識の体験や個人性を超えた発達は、適切なセラピー・修行の技法によって促進できると考えること、④そして、それらの理論やセラピーの実践に、仮説―実験―証明あるいは反論・修正といった、科学としての心理学の手法を加えることを重視する、といった四点をあげることができるだろう。

## 紹介・導入から十年

私がトランスパーソナル心理学、特にケン・ウィルバーの存在を知ったのは、一九八四年である。「西洋心理学と東洋宗教の融合」は私自身のライフ・ワークでもあったので（拙著『唯識の心理学』はその一端である）、アメリカではもうここまでいっているのか、と衝撃を受けた。同時に、これは日本に紹介・導入する必要があると感じたわけである。

吉福氏の翻訳家・セラピストとしての大変な力を中核に、菅靖彦氏、星川淳氏などの強力な翻訳陣も加えて、さらに私自身も微力ながら協力して進めてきた。新しいものの常で、当初はやや奇異な目で見られ、いかがわしいのではないかという印象をもたれていたようだが、最近ではかなり一般的にも知られ、理解されるようになっている。

私の記憶では九〇年前後から、大都市の大型書店ならばたいてい、心理学や精神世界の売場にトランスパーソナル心理学のコーナーが設けられるようになっている。これは、この分野が一定の持続的な読者数を獲得していることの現われだといっていいだろう。これまで、代表的な理論家ケン・ウィルバーの他、トランスパーソナルの実践編・セラピーもかなり翻訳紹介され、読者の持続的な支持を得ている。

セラピーの代表的なものとしては、スタニスラフ・グロフの「ホロトロピック・セラピー」、ロベルト・アサジョーリの「サイコシンセシス」、ジェンドリンの「フォーカシング」などがあり、実際のワークショップ（訳せば「参加体験学習会」といったところか）も行なわれている。また、マイケル・ハーナーらのネイティヴ・アメリカンのシャーマニズムを心理学的にワークショップ化した「ネオ・シャーマニズム」も紹介され始めている。さらにこれはいまのところ文献のみだが、フランシス・ヴォーンのもの、ジェラルド・ジャンポルスキーのものなどもある。

それらに加えて、ユング心理学の発展であり、同時にトランスパーソナルのセラピーの代表的なものの一つとも評価されているアーノルド・ミンデルの「プロセス志向療法（POP）」は、翻訳よりもセラピーの実践が先行し、多くの参加者を得ていたが、その後翻訳も何冊か刊行されている。

こうした情況は、書籍だけではなく、トランスパーソナル心理学の実践の現場、ワークショップやレクチャーにも反映している。

たとえば、私の友人たちや私自身の関わっていた、朝日カルチャーセンターや西武池袋コミュニティ・カレッジなどの講座は、持続的・定期的に設定され、毎回かなりの盛況だったし、また吉福伸逸氏が始め、T・マクリーン氏や高岡よし子さんが中心になって引き継いでいるC＋F研究所や、私の主宰するサングラハ心理学研究所の行なっているレクチャー、ワークショップも毎回かなりの参加者を得ている。

さらにトランスパーソナル心理学の教育の場における展開といってもいい「ホリスティック教育」については、翻訳家でもある手塚郁恵さんが研究会を設立され、盛んなワークショップ活動を行ない、その後ホリスティック教育協会の設立に到っている。

そうした状況は、論壇、マスコミにも反映している。新聞や一般的な週刊誌、月刊誌でも、トランスパーソナル心理学関係の記事がしばしば掲載されるようになった。

また、一般には関連が十分に理解されず、ばらばらに話題になっているようだが、すでによく知られ評価されているキューブラー＝ロスの死の臨床的研究や、さらに最近話題になっている「臨死体験」や「誕生の記憶」などの研究も、実はトランスパーソナル心理学と深く関わっているのである。

アカデミックな世界についていえば、一九九一年には『世界宗教大事典』（平凡社）に、九二年には『心理臨床大事典』（培風館）に、九九年には『臨床心理辞典』（八千代出版）に、「トランスパーソナル心理学」および関連の項目が収録された。

こうした現象は、トランスパーソナルの「社会的認知」が、徐々にではあるが確実に進んでいることの現われといっていいだろう。

そうしたなかで、心理学の読者でトランスパーソナルの名前も知らないという方は少なくなった。

また、臨床心理学関係者でも若い世代は多かれ少なかれ知っておられるようである。

とはいえ、アカデミックな心理学の専門家には、いまだにほとんどご存じなく、「それはいったいなんですか？」と疑惑のまなざしを向ける方もおられるようである。また実際、翻訳、セラピーの実践、研究などは、ほとんど大学外で行なわれている。大学の哲学、現代思想、教育学などの講義で、実質的にほとんどトランスパーソナル心理学といってもいい講義をしている方はいくらかおられるが、いまのところ、大学の心理学の講座をトランスパーソナル関係者が担当するとか、正式にトランスパーソナル心理学の講座が開設されたとかいうことは、私の知るかぎり、ないようである（一九九九年、青森公立大学で日本初のトランスパーソナル学の講座が開設された）。

唯一、フォーカシングだけは、すでに「人間性心理学」のセラピーの一つとして大学レベルで行なわれてきたが、そこで起こる体験の質からもジェンドリン自身の発言からもはっきりしている、トランスパーソナルの流れにつながる面は十分評価されてはいないようだ。また、先に述べたPOPは、これから「ユング心理学」の発展という位置づけで、大学レベルに採り入れられることになるかもしれない。

いずれにせよ、日本の大学アカデミズムの体質を考えると、大学レベルで「トランスパーソナル心理学」の全体像が認知・採用されるまでには、まだ時間がかかりそうである。

以上述べたようなところが、日本におけるトランスパーソナルの現在だが、この浸透・普及のスピードは速いというべきだろうか、遅いというべきだろうか。日本の七〇年以降の「ネアカ、ルンルン」ふうに不毛だった文化状況全体から考えれば、かなり速かったといえないこともない。しかし率直にいえば、世界的な状況からすると遅い、というより反応が決定的に鈍いのではないかという気もしないではない。

## 人間観としてのトランスパーソナル――近代主義への代案――

すなわち、アメリカにおけるトランスパーソナル心理学あるいはトランスパーソナル―ニューエイジ的な思想潮流の成立には、ある時代的な必然性があると思うからである。

まず、人間観という面からもっとも大状況的にいうと、トランスパーソナルは近代主義、とりわけ個人主義（パーソナリズム）の限界を超えようとする試みである。端的にいいきっておくと、トランスパーソナルの可能性の核心は、近代主義へのオルタナティヴ（代案）となりうる方向性にある。

ここ数百年、近代欧米（戦後の日本も含む）の主流をなしてきたものの見方を「近代主義」と呼んでおくと、近代主義にはいくつかの決定的な特徴がある。これも簡略に式にしてみると、近代主義＝人間（それも個人）中心主義＋合理主義＋物質科学主義＋技術・産業主義＋進歩主義＋現世主義＋無神論と表わせるだろう。こうした近代主義の登場にはそうとうな必然性・妥当性があって否定しがたいが、しかしその根底に深いニヒリズムが秘められていて、根本的な限界がある。

つまり、究極の霊的／精神的存在としての神を否定し、すべてのものを物質の働きへと還元して捉える物質科学主義は、つきつめると人間自身をも精神ではなく物質の集まり・働きとしてしか捉えられない。そして、人間が「ものにすぎない」とすれば、ものの集合と離散にすぎない生と死に意味（いいかえれば「精神的充足」）を見出すこともできないのは当然である。にもかかわらず人間（自分・個人）は当面はたしかに生きていて、欲求をもっている。とすれば、人生は自分・個人が生きている間に現世的な欲求を満たすことによって、楽しみや幸福を追求する以外には意味がない。いや、意味はないのだが、そうするほかないことになる。そして、もちろん自分が死ねば、すべては終わりで、意味などないことになる。

そういうわけで、近代主義（とりわけその物質科学主義と個人主義と無神論のセット）は底にニヒリズムを秘めており、ニヒリズムは徹底しなければ、かならず一種の個人的な快楽主義にならざるをえない。それは、より徹底するとエゴイズムになる。そしてさらに意味がないという自覚を徹底すれば、絶望や自殺に到るだろう。

しかし、いうまでもなく、近代的な理性—科学—無神論にはそうとうな根拠と妥当性があって、いったんそれを身につけると、単純に過去の科学以前の神話にもとづいた宗教に帰ることはほとんどできない。たとえば伝統的なキリスト教のような「人間は神によって創造され、この世に生まれた。だから、神の御心にかなうように生きることが人生の意味であり、そして死ぬことは神のもとに帰ることだ」といった宗教的な神話をとおして生と死の意味を感じとることは、多くの現代人にはできないことである。

また、できないだけでなく、かならずしもそれがいいとはいえない。神話的な宗教はそれを信じることのできる人にとっては、生と死の意味を保証してくれるものであるが、信じない人をかならず否定するような体質をもっているからである。

しかも、これまでの大宗教は、個人を安心させ、社会を安定させる機能をもつと同時に、既成の体制を歪みや矛盾を含めて固定させる機能をも果たしてきた。近代の市民社会の進歩、改良、変革に関しては、多くの場合、推進力ではなく保守勢力として機能した。「宗教は民衆のアヘン」であるという批判は、たしかに当たっているところがあるのだ。

先に述べたアメリカにおける東洋宗教の流行の背景にも、アメリカの精神的バックボーンとしての伝統的・神話的キリスト教が、理性・科学に対して、また社会的な正義の追求に関して、もはや魅力や説得力をもたなくなったという事情がある。精神分析や心理療法も、無力化したキリスト教に代わるものだといえるだろう。第二次大戦以後、多数の市民たちは、心の悩みの解決＝安心を得るために、もはや教会や牧師・司祭のところではなく、精神科医、セラピスト、カウンセラーのところへ行くようになったのである。

しかし、心の病いの治療、人間性の成長について、科学主義的心理学、精神分析、人間性心理学それぞれにかなりの有効・妥当性があるとはいっても、人間の根底の問題、「結局、人間はものにすぎないのか。生と死には究極の意味はないのか」というニヒリズムの問いに答える準備、能力はない。心の悩みにはある程度応ええても、生と死の意味への問い、いわば「魂の渇き」を癒すことはできないのだ。近代主義の限界内にあり、ニヒリズムを超えられないという点では、心理学の第一から第三まで、どの勢力もおなじことなのではないだろうか。

こういうふうに見てくると、アメリカ心理学における、物質科学主義的な心理学から精神分析、人間性心理学、そしてトランスパーソナル心理学の誕生という流れには、あきらかに近代主義＝潜在的・顕在的ニヒリズムを超えてその先へ、という方向性があることが見てとれるだろう。

トランスパーソナルは、人間にはどこまでも物質・身体・個人という面があることをけっして否定しない。しかし同時に、少なくとも心理的な体験として、個人以外の他者や共同体、さらには他の生物や生態系全体、あるいは地球や銀河系や宇宙、さらには人間以外のスピリチュアルな存在と出会い、一体化するという、精神的／霊性的な面も、まぎれもなくあることを認める。そして、そういう実際の体験をしたとき、宗教的な神話を信じ込むのとはまったくちがったかたちで、生と死の意味をありありと実感できること、そういう体験が心身の治癒、人間成長、そして有限な死ぬべき自己を超越して永遠なものと一体化することによる安心をもたらすことを認める。

もし、トランスパーソナル的な人間観を格言ふうにまとめれば、「宇宙から生まれ、宇宙のなかで、宇宙（の一部）として、宇宙に即して生き、宇宙に帰る」と言い表わすことができるだろう。

これは、お気づきのように、「神から生まれ、神の手のなかで、神の子として、神の御心にかなうように生き、神のもとに帰る」といったキリスト教的神話と構造的にはまったく同じである。

しかし、それは科学以前の神話に基づいているわけではない。またもちろん特定の○○教だけが唯一・最高だとも考えない。しかし、諸宗教のエッセンスの部分には、人間にとって普遍的で価値のある意識体験が秘められていると考える。そして、そうした体験を促進しようとするが、どんなにありありとした体験であっても絶対視せず、その妥当性や意味について、科学・心理的な検討を加えることを拒否しない。だがまた物質科学主義のように、人間は孤立した、物質の集合体で、そして死んだら、その物質は分散し、すべては終わりという存在だとも考えない。人間の生と死は宇宙的な出来事であり、したがって宇宙的な意味があるのだ。

こうした簡略な言い方では、まだ十分に納得していただけないかもしれないが、トランスパーソナルは、そういう意味で科学と宗教の融合の試みなのである。それを別のことばで表現すれば、科学としての心理学と、科学と矛盾せずむしろそれを包括しつつ超えることのできるような、東洋宗教、さらにはシャーマニズム、キリスト教をも含む西洋の神秘主義のエッセンスとの融合の試みだともいえよう。

しかもトランスパーソナルの決定的な強みは、単に理論だけでなく、具体的にたしかな効果のあるセラピーの技法をもっているということであろう。トランスパーソナルの技法をとおして、ごくふつうの人間が比較的容易にトランスパーソナルな体験をすることができる。そして、科学以前の神話を信じ込まなくても、特殊な修行を積んだ精神的／霊性的エリートでなくても、宇宙意識を（その程度はさまざまであるにしても）体験することによって、生と死の意味を見出したいという欲求・魂の渇きを、実感的・実際に満たすことができるのである。これは、象徴的にいえば「悟りの市民化」ということができよう。

これまでの科学ではまだ知りつくされていない未知なる全体としての宇宙、人間の精神の向こう側にある単に物質的な宇宙ではなく、精神でもある人間を生みだし含み包んでいる全体者としての宇宙との一体感・宇宙意識・悟りは、科学を含みながら超えるものではあっても、科学と矛盾するものではない（ただし、科学ではなく、きわめて硬直化した物質科学主義とはやはり対立するだろうが）。

そうした意味で、トランスパーソナル的な人間観は、近代主義――その必然的な帰結としてのニヒリズム・エゴイズム・快楽主義――を超え、現代人の理性への要求と霊性への渇きを同時に満たす、近代の代案になる可能性をもっていると思われる。そういう面でもトランスパーソナルはまだ完成されたものではないし、そうした方向性を目指している潮流は、唯一これだけということでもないだろうが、理論と実践の方法がかなり整備されてきているという点から見て、いまのところ私の知るかぎりもっとも可能性のある潮流である。

そういう私のトランスパーソナルへの見方からすると、日本における反応はなんとも遅い、鈍いと感じられるわけである。

## ニヒリズムの一般化の時間差

さて、以上のように見てくると、なぜアメリカでトランスパーソナルが生まれたかが、はっきりしてくるだろう。近代主義が行き着き、行きづまった国だからこそ、その行きづまりを突破する試みが生まれたのである。そしてそう見ると、なぜ日本でトランスパーソナルが生まれなかったか、またいまでもまださほど広範囲に浸透していないかも明らかになってくる。つまり単純化していえば、日本はまだアメリカほど近代主義が徹底せず、したがって行きづまりが広く自覚されるところまでいかないからである。

黒船―開国―明治維新と、B29―敗戦―戦後民主主義の、二回のアメリカ・ショックを経て、日本は近代化に向かわせられた。しかし、それはしばしば指摘されるとおり、「外圧」によるいわばいやいやながらの変化であって、内発的に望んで行なった改革ではない。日本人はたぶん、できれば、またできるだけ変わりたくないのである（そのこと自体は善でも悪でもないと思う）。

したがって近代主義についても、すべてを受け容れて全面的に変わろうとはしなかった。その要素のうち、現世主義はもともと近世日本ではかなり強くなっていたと思われる。そのベースの上に、技術・産業主義とそれに必要な範囲で物質科学主義も採り入れたが、人間（それも個人）中心主義、合理主義、進歩主義、無神論は、それほど本気で採り入れなかったといってもいい。

かつて先駆的にはヨーロッパでニーチェが予感し、五〇年代、六〇年代のアメリカでは、かなりの割合の市民の問題になった「神の死」を、日本人の多くは最近まで本格的に経験してこなかったのではないかと思う。

それに対し、アメリカ（のとりわけ都市部）では、戦後すでに、科学・技術と産業化の進行、都市化による個人主義と合理主義の発達などによって、伝統的なキリスト教とそれを信じる地域の共同体の崩壊は深刻化していた。孤立し、生死の意味を見失い、魂の渇きを抱えた市民の内的な需要がトランスパーソナルにまで到る心理学の深化・発展を促したともいえるだろう。

ところが日本は、戦前には、いうまでもなく天皇制と神道が日本の公的なもっとも正統な価値観として確固として存在しており、およびそれに矛盾しないかぎりでの、仏教ほかの宗教も力をもっていた。産業―技術の面では西洋的な科学―合理主義を受け容れたが、人生観の上では、神すなわち絶対な精神的価値の基盤は生きていたのである。また大は天皇を親とし国民をその赤子とする疑似家族的国家から始まって、小は地域、家庭に到るまで、いい意味でも悪い意味でも集団主義で、個人主義は一握りの知識人だけのものだった。

戦後、天皇が現人神でなくなり、公的な場から宗教が排除され、合理主義―人間中心主義―個人主義が社会の正統的な価値観となった。ここで日本でも、「神の死」や孤独が多数の市民の深刻な問題になる条件はととのった。

しかし、戦後の日本人は、産業・会社組織などにおいては、疑似共同体としての年功序列・終身雇用を中心とした日本的な集団主義を捨てなかったし、表面は合理主義―無神論を採用したように見えても、その奥では神仏儒習合的な価値観（いわゆる「日本教」）をあいまいなまま保存し（たとえば自分は無神論だなどといいながら、けっこうまじめにお宮参り、仏式の葬式、法事、お墓参りをしたりする人が多い）、なにはともあれ経済成長を追求することで我を忘れて、我・自分・個人の底にひそむニヒリズムに直面する危機をたくみに避けてきたように見える。

しかし、よくいわれるように、日本社会は十年遅れでアメリカ社会を追いかけているというところがたしかにあって、都市化の進行にともなって地域共同体（村社会）の衰退が本格的になり、都市の家族も個人主義的な価値観に侵食されて絆がゆるんで崩壊寸前であり、日本的な会社経営もいよいよ解体再編成するほかなくなりつつある……など、次第に日本人は心の逃げ場・休み場を失いつつある。

またすでに述べた日本教の弱体化は深刻な問題である。どう生き、どう死ねばいいのか、それにどんな意味や根拠があるのかなどについて、社会的に合意された価値観が崩壊すれば、社会的な大きな混乱が生まれるのは必然である。

そうした背景のもとに発生していると思われる問題は、羅列すれば果てしがない。たとえば、離婚、幼児虐待、非行、いじめ、不登校、ノイローゼ、心身症、自殺の増加、出社拒否、過労死……。詳論するスペースはないが、こうした現代日本の問題の多くは、深いところでは日本における近代主義の行きづまり、ニヒリズムの一般化に原因があると考えられる。

## トランスパーソナルの可能性

以上述べたように、トランスパーソナルは、心理学という面でも人間観という面でも、アメリカで誕生したのとおなじ理由で、日本でも、近代主義の行きづまりを超える試みとして評価・受容され、有効に機能し、さらに深化・発展していく可能性をもっていると思われる。あるいは状況を考えると、可能性というだけでなく、むしろ緊急の必要性があるといいかえてもいいかもしれない。

繰り返せば、トランスパーソナルは近代主義への代案である。それはもちろんまだ完成されたものではない。しかし、現段階でもかなりの有効・妥当性をもっているし、なによりもその方向性はたしかなものだと思われる。したがって、これまで社会のあらゆる分野が近代主義的な人間観―価値観を原理として営まれてきたのに代わって、もしトランスパーソナルな人間観―価値観が原理となっていくならば、社会のあらゆる分野に変容が起こり、あらゆる分野における近代主義からくる限界が超えられることになるかもしれない。

当面は、トランスパーソナル自体の未完成さと日本の受け容れ状況が熟さないのとの両方の事情で、すぐにはそこまでいかないだろうが、まずは心理療法・心理学や精神医学の分野から始まって、教育、医療におけるケアの分野、医学、宗教、さらにはエコロジーや政治経済などの領域にまで、徐々に本質的で決定的な影響を与えることになるのはまちがいない、と私は見ている（『ターニング・ポイント』参照。まったく同じというわけではないが、筆者とほぼ同じ方向性にある)。

最後に、以下、いくつかの分野について、なぜ、どのような変容が起こると予想ないし期待されるのかを、簡略に述べておきたい。

まず心理療法・心理学・精神医学の分野についていえば、人間の心について〈超意識〉の領域を認め、人格の発達について自己超越の段階を認めると、取り組む対象がひじょうに広く深くなり、かつそれへの見方が大きく変わらざるをえなくなるだろう。

きわめて単純化していえば、これまで正常と異常、すなわち自我の確立・安定かその未発達ないし歪みという二つのカテゴリーでしか見てこなかった人間を、平均的正常と異常と超正常、すなわち自我以前、自我確立、自己超越という三つのカテゴリーで見ることになる。これは、日常的でない意識状態にある人すべてを、正常でないものは即異常であるという見方で診断することによって陥ってきた大きな過ちを修正することになるだろう。

それは、心理療法（療法というと治療だけを意味することが多いのでセラピーと表記することが多い）の分野では、すでに人間性セラピーの段階で、自我の治癒（停滞していた発達の促進と歪みの修正）だけでなく自己実現という目標が加えられているが、さらにトランスパーソナル・セラピーは自己超越をも目指すことになる。すなわち、自己治癒―自己実現―自己超越の全プロセスの促進が、トランスパーソナル・セラピーの目標となるわけである。

実際トランスパーソナル・セラピーでは、日常的でない意識状態が、異常というよりは超正常へのプロセスであったことが明らかになることがしばしばである。変性意識がセラピストや仲間たちの支援をえて十分に体験されると、驚くべき自己治癒力の高まりをもたらすケースはきわめて多く、またさまざまな心理的危機も、十分に理解され受容されると自己成長、超越のきっかけ、プロセスになることが少なくない。

こうした視点からすると、従来のセラピーでは、なるべく早く治療しようという発想で対処されたケースの多くに、プロセスに必要な時間をかけて十分体験したうえで超えていけるよう支援するというアプローチをすることになるだろう。

現場にいると実感することだが、人は治るべきときには治る。治るべきものは治る。治るべきときにならなければ、どうやっても治らない。治るべきでないものは、どうやっても治らないことがあるのではないだろうか。そうすると、「セラピー——セラピストは何の役に立つのだ」という疑問が生まれるかもしれないが、セラピー——セラピストにできるのは、治すことではなく、本人が治るのを、見守る、支援する、うまくいってせいぜい促進するくらいのことである。これは成長や超越についても同様である。

しかし、見守る、支援する、促進することが、時にすばらしい変容をもたらすことがあるのも確かなのであり、即効性はともかく妥当性と有効性において、従来のセラピーの限界を大きく超えることが可能になるだろう。

また教育についていえば、パーソナリティ・心の発達に関わる領域である以上、人間観が変われば、教育理論、教育技法もまったく変わることになる。

人間主義的な視点からすれば、子どもの体と心の十全な発達を促すことが教育であり、日本の教育の現場の実情はそれさえも実現できていないように見えるので、そもそもトランスパーソナル的教育が有効か、可能かという疑問も出てくるかもしれない。まずは、知識偏重と競争をベースとした教育を、情操や創造力とのバランスと協力をベースとしたヒューマニスティックな教育に変えるだけでも大変なことだし、そこまででもいければ大したものだともいえる。

しかし人間には、体と心だけでなく魂まであるのだとするならば、霊性の覚醒も教育の根本的な課題であらざるをえない。それを、公教育の場からはずして、ごく一部の特定宗教による私学教育にのみゆだねたところから、戦後日本人の「魂の荒廃」とでもいうべき状況、つまり「ニヒリズムの一般化」という状況が生み出されているのではないだろうか。自己超越までを視野に入れてはじめて、自己実現、自我確立のほんとうの意味も明らかになり、教育への情熱も生まれ、さらに本当の意味での有効・妥当な教育力も生まれるのではないかと思う。また、アメリカのトランスパーソナル／ホリスティック教育の流れのなかでは、すでに理論だけでなく、有効な教育技法が生まれている（これについては、フューギット『やさしいサイコシンセシス』、ホイットモア『喜びの教育』、ミラー『ホリスティック教育』、いずれも春秋社、参照）。

さらに、ホスピス、死の看取り《ターミナル・ケア》の分野も、トランスパーソナル的な視点を導入するならば、決定的に変わるだろう。

物質科学主義（医学も含む）から見れば、どうやわらげごまかしていっても、死は個人にとって「すべての終わり」である。それは慰めようがない。せいぜい、うまくいって「これだけよく生きたのだから、もう文句はいえない」といった程度の、あきらめ、納得がせいぜいであろう。

もちろんそれで済む人もあるようで、それならそれでもいいと思うが、済まない人は神や天国や復活あるいは、魂の永続かなにかを信じなければならないことになる。しかし、現代人の多くには、そうした神話を実感をもって信じることは困難である。

あきらめられず、信じられない人は、悩み、恐れ、絶望するほかないということになるが、トランスパーソナル的な視点からはまったくちがったアプローチが可能になる。〈宇宙意識〉や〈永遠なるものとの一体化〉の体験は、人間にとってまったく正当で正常――というか超正常な体験であり、それは特定の宗教への信仰によってしか得られないものではない。誰にでも体験可能性があり、かつそれは誘発、促進できるものである。すでにエリザベス・キューブラー＝ロスが実践―主張してきているように、死を人間成長の最終段階、永遠なるものへの移行のプロセスと捉えること、理論的にそう捉えるだけでなく、死に臨んでいる人自身が実感できるよう支援することが可能なのである（もちろん、いつ、どんなケースでも、というのではないが、かなり高い確率で可能なようである）。

こうした、死の捉え方は、もちろん本人だけでなく、遺族のケアについても、当然ながら、これまでとかなりちがった、かつより有効・妥当なアプローチを可能にするのではないだろうか。

（たとえば胎教、出産のあり方、病いの治療―介護の精神的側面についても、トランスパーソナルはまったくちがったアプローチを可能にすると思われるが、残された紙数が少ないので、詳細は、筆者が吉福伸逸氏にインタビューして構成した『生老病死の心理学』春秋社、を参照されたい。）

もう一点だけ、宗教についても述べておけば、トランスパーソナル的なアプローチによって、これまで非科学的・神話的・自己絶対化、他者排除的な体質をもち、メリットとともにデメリットも大きかった「宗教」は、すべての人間にとって妥当なエッセンスのみに純化され、宗教というよりむしろ万人に開かれており体験可能な「霊性」の分野へと変容し、「諸宗教の融合」が可能になるかもしれない。これは、実際にはそうとう困難であるが、少なくとも見通し・期待としては十分に見えてくることである（『宗教・霊性・意識の未来』参照）。

いずれにせよ、トランスパーソナル的な方向――かならずしも現状のトランスパーソナル心理学の到達点がではないが――は、きわめて豊かな可能性に満ちている、と私には見える。

# 自己実現のパーソナリティ

## 欲求とパーソナリティの二類型

思うに、思想と呼ぶに値する思想ならかならず取り組むテーマの一つに〈悪〉の問題がある。他の動物とちがって、なぜ人間は、戦争を頂点とする殺人（つまりは仲間殺し）――しかも無意味で過度で残虐な――をするのか。なぜ、必要以上の富や権力や名声……などなどを、他者を犠牲にしてまで得ようとするのか。なぜ、嫉み、誇り、憎しみ、恨み、傷つけ、だまし……たりするのか。どうしたら、悪から解放されうるか。なぜ、ある人間は悪人になり、ある人間は善人や聖人になるのか。

つまり、根源的意味での性格・人格（personality）の問題は、狭い意味での心理学だけの問題ではなく、思想の切実な問いでもあると思う。

アメリカの心理学界に「第三の勢力」・人間性心理学を確立し、さらに「第四の勢力」・トランスパーソナル心理学を創始した心理学者アブラハム・マズロー（一九〇八〜一九七〇）の「モチベーションとパーソナリティ（動機と人格）」の仮説は、そうした思想の根源的問いに対する、かなり正解の可能性の高い答えであると思う。その学説は、日本の心理学界では比較的早くから紹介され、常識化しているが、その割には意外にそういう決定的に重要なポイントがあまり理解されていないように見える。

マズロー心理学を一言で要約すれば、彼自身の「健康であれ。そうであれば、あなたは自分の衝動を信じてよい」というモットーに尽きるだろう。彼は、人間の衝動―動機―欲求それ自体は〈悪〉の源泉ではないという。それどころか、欲求を適時に適度に満たすことは、人間を精神的に成長させ、ますます健康にするという。これは、衝動・欲求＝悪という常識的イメージとは一見正反対の主張で、すぐには納得しにくいかもしれない。

しかし、マズローは、もっとも精神的に健康な人間、すなわち〈自己実現的パーソナリティ〉は「欲望と理性のすばらしい調和状態」にあり、「利己的であることと利己的でないということとの二分性はなくなる」（*Motivation and Personality*, 小口忠彦訳『人間性の心理学』産業能率大学出版部、マズローの主著）という。もし本当だとすれば、これは、いわば究極の「いい性格」ではないか。

それに対して、不自然・不必要で、過度で、歪んでいるために、どんなに追求しても満たされることのないような〈神経症的欲求〉に固着するという病的な性格がある。マズローは、そういうひじょうに「悪い性格」・人格を〈神経症的パーソナリティ〉と呼ぶ。

つまり、欲求の自覚の仕方、欲求の追求─満足のさせ方によって、人間は基本的に二つの型に分けることができる。それは、人間の持つ自然で当然であるような欲求をありのままに自覚していて、それを健全、適度に満たしていて、自分のなかでも他者とも調和している人間と、自分自身の本当の欲求を自覚しておらず、ある歪んだ、無理・不可能な欲求に神経症的に固着しており、したがっていつも自分にも他人にも満足できず、自分も他人も傷つけてばかりいる人間という、二つの類型である（これはあくまでも理論モデルとしての両極端であって、現実の人間はたいていその中間のどこかに位置している）。

このマズローの〈自己実現的パーソナリティ〉〈神経症的パーソナリティ〉という概念自体は、純粋なマズローのオリジナルではない。ゴールドシュタインやホーナイらの概念を受け継いだものであるが、以下述べるようにそれが〈基本的欲求の階層構造論〉と結びつけられているところに、理論の深化がある。

## 欲求の階層理論

マズローによれば、人間には、生得的・本能的で基本的ないろいろな欲求（needs, 必要という意味もある）があるが、それらは並列的にではなく、階層的に存在している。

もっとも基本的で、低次で、優先度の強いのは、①「生理的欲求」である。人間には、当然、食物、水、空気などが必要（need）であり、また、たとえば性的な欲求もある。

しかし、それらは基本的だが、必要不可欠なもののすべてではない。生理的欲求がある程度満たされると、次には、②安全、安定、依存、保護、恐怖・不安・混乱からの自由、秩序などへの欲求、〈安全への欲求〉が現われる。人間は、生理的欲求が満たされるだけでは満足できない。たえず危険で不安な状況にさらされていては、精神的に健康な成長は望めない。安全で安定した環境も必要なのである。

さらにそれらが満たされると、次に、家族に所属し、自分の居場所があること、人から、特に親から愛されることへの欲求、③〈所属と愛の欲求〉が出てくる。

ところが、生理的欲求、安全への欲求が満たされない人は、それこそ問題なのであって、愛なんて、どうでもいい、甘っちょろいことだ、と思ったりする。例えば、ほんとうに食べられない状態であれば、食べることが何よりも切実な問題になるだろう。しかし、それらがある程度満たされると、今度はそれが当たり前になり、所属と愛こそ切実な問題だと意識されるようになる。

そういうふうに、人間のいろいろな欲求には――あくまで一般的傾向としてだが――優先順位があり、並列的ではない。それがマズローのいう「階層性」である。そして、たしかに優先順位はあるが、それぞれがすべて必要不可欠なのだ。たとえば生理的欲求は満たされているが、安全・愛情欲求が満たされていない場合、生理的にはいちおう生きていても心理的にひじょうに不健康になる。生理的健康にビタミンやミネラルなどが欠かせないように、精神的健康には安全や愛が不可欠なのである。

人間の欲求はそれで終わりではない。生理、安全、愛と所属の欲求がある程度満たされると、その基礎のうえに、④自尊心や尊敬されることへの欲求、〈承認欲求〉が現われる。人はただ愛されたいだけでなく、認められたい、自信をもちたいのである。

このあたりまでは、たいてい誰でも実感的に納得できる仮説であろう。ところが、マズローは、さらに上位の欲求として、⑤〈自己実現の欲求〉が存在すると考えた。

つまり人間には、自分独自の生き方をしたい、自分の潜在力・可能性を最大限に実現したいという欲求があり、「この欲求は通常、生理的欲求、安全欲求、愛情欲求、承認欲求が先立って満足された場合に、それを基礎にしてはっきりと出現するのである」。すなわち、「諸欲求がすべて満たされたとしても、個人が自分にふさわしいと思われることをしていないならば、すぐに新しい不満や不安が起こってくる。人が究極的に平静であろうとするなら、音楽家は音楽をつくり、画家は絵を描き、詩人は詩を書いていなければならない。人間は自分がなりうるものにならねばならないのだ。こうした欲求を、自己実現の欲求と呼ぶことができよう」(『人間性の心理学』)というのである。

さらに、自己実現の頂点をきわめた人間は、⑥そうした自己さえ超える欲求＝〈自己超越欲求〉をもつに到るという(この点についてはマズローは十分に展開していない。〈自己超越〉については、拙著『トランスパーソナル心理学』参照)。

これまでしばしば「パンか心か」という、今から考えると不毛な論争があった。しかし、マズローふうにいえば、人間には「パンも心も」全部必要であり、かつそれには優先度の違いがある。しかも、それぞれの欲求には限界がある。例えば、果てしなく食べたいわけではない。「衣食足りて礼節を知る」ように、より低次の欲求がある程度満たされると、別のより高次の欲求が出てくるのだ。つまり、「パンから心まで」ということだ。これは今のところ科学主義的に実証されているわけではないが、私たちの具体的な人生経験に照らしてみて、非常に妥当な仮説ではないだろうか。

マズローは、生理的欲求から承認欲求までを〈欠乏欲求〉と呼び、自己実現や自己超越への欲求を〈成長欲求〉〈メタ欲求〉と呼んで区別し、成長欲求は欠乏欲求に比べると、弱く、歪められやすく、抑圧されたり、忘れられたりしやすいものであることを認めたうえで、しかしやはり生得的・本能的で人間にとって不可欠なものであると考えている。

そして、「生理から承認」まで満たされると、人間は、さらに究極の「いい性格」・自己実現的パーソナリティへ成長したいと欲求する。つまり、欲求の自然で十分な充足は人間性の成長を促進する、健康なパーソナリティを作るというのである。

## 自己実現的パーソナリティ

さて、では生理的欲求から自己実現欲求までが満たされた〈心理的に健康な人間〉〈自己実現的パーソナリティ〉とは、どんな人間なのだろうか。研究に際し、マズローは、まず平均以上に優れたパーソナリティを表現する一般的な言葉を集め、それぞれを対比しながら、論理的な矛盾や実際的な矛盾を取り除いて、言葉を厳密に定義した。そして、そういう表現のあてはまりそうな具体的な人のデータを集め、その人格的な特徴を取り出し、もとの言葉の定義を修正し、そして修正された定義で、また具体的なパーソナリティを再検討するという作業を繰り返した。マズローは、そういう演繹的な研究によって取り出された十七の特徴を羅列しているが、ここでは、それをやや整理しなおして紹介しておこう。

まず〈自己実現〉という言葉の常識的な感じにピッタリあう特徴群がある。「自発的な行動」(羅列の順では3)、「創造性」(14)、「確固とした価値体系」(16)、「文化や環境からの自律性」(6)、「文化に組み込まれることに対する抵抗」(15)、「孤独、プライバシーを好み、欠乏や不運に対して超然としている」(5)などである。

しかし、これだけだと「才能があって創造的」で、よく言えば「ゴーイング・マイウェイ」だが、悪く言えば結局「自分勝手」な人とどうちがうのかわからない。

自己実現的パーソナリティの重要な特徴群として、さらに次のようなものがあげられている。「自己、他者、自然に対する受容的態度」(2)、「深い対人関係」(10)、「民主的性格構造」(11)、「共同社会感情」(9)などで、「彼らは、人類に対して……ときどき怒ったり、いら立ったり、いや気がさしたりするにもかかわらず、同一視や同情や愛情をもっている」という。しっかりと自分がありながら、決して独善的でも隠者的でもない。そして、愛情が家族、身内、仲間だけに限定されていない。深い人類愛——いまどきはやらないことばだが——を抱いているのである。彼らは、たんなる天才や秀才とちがって、しっかりとした自分を確立していながら——あるいは確立しているからこそ——ひとや社会や自然と調和して生きることができるのである。そういうところから付随的・必然的に出てくるのが、「哲学的で悪意のないユーモアのセンス」（13）である。

当然のことだが、彼らの認識・感覚・体験の質は非常に高い。「現実をより有効に知覚し、それと快適な関係を保っている」（1）し、問題に対して、「自己中心的でなく、問題中心的である」（4）。しかも、特殊な高尚なことばかり考えているわけでなく、「人生の基本的に必要なことを繰り返し新鮮に、無邪気に、畏敬や喜びをもって味わうことができる」（7）と同時に、やはりしばしば〈神秘体験〉や〈至高体験〉といった深い・高い体験をしている（8）というのである。

こうした自己実現的パーソナリティは、「対立性・二分性の解決、欲望と理性のすばらしい調和状態」にあり、「利己的であることと利己的でないということとの二分性はなくなる」（17）。

以上の特徴群からは、ひじょうに生き生きとして豊かな性格のイメージを思い浮かべることができる。自律した創造的な主体であり、しかも他者・社会・自然との本質的な一体性・調和を保ちながら、お互いに支えあい、高めあうような交感・交流をしているパーソナリティ構造がモデルとして示されている。

そして、繰り返せば、人間はだれでも基本的欲求を適度に・適時に満たされながら成長すると、こうした人間になれるというのである。

## 神経症的欲求と悪

しかし、こうしたマズローの理論は、現実の人間には当てはまらないようにも見える。やはり人間の欲望には果てしがないのではないか。いくら金を持っても、さらに果てしなく金を欲しがる人間がいる。いくら名誉を得ても、さらに果てしなく名誉の欲しい人間もいる。人を押しのけ、踏みつけ、殺してさえ、権力の欲しい人もいる。そういう人間は、いるどころか、ちょっと嫌になるくらい多い（自分にだってその傾向がある）。やはり、欲望の追求は悪を生み出すのではないか。人間には、禁欲が必要なのではないか。衝動・欲求が悪ではなく、基本的欲求の充足が心理的に健康なパーソナリティを生み出すのなら、なぜ実際に悪が存在するのか。

それは、しばしば成育の過程で、〈基本的欲求〉の構造が歪められ、〈神経症的欲求〉に変えられてしまうためだ、とマズローはいう。自然な〈基本的欲求〉なら、満たされればそれで終わりで、限度がある。ところが、〈神経症的欲求〉は本当に必要なものを見失った欲求なので、満たされることがない、できない。つまり、基本的諸欲求が適時・適度に満たされないと、子どもは脅威にさらされ、傷つき、絶望し、意識的にはあきらめ（させられ）——欲求を抑圧する——そのためかえって無意識的には病的に執着・固着するようになる。

例えば、本心では見守って欲しいのに、人の気を引くような悪いことをする。すると、気は引けるが、見守ってはもらえない。だから、当然、満足できない。満足できないから、もっとやりたくなる……。ほんとうには何が欲しいのか、何を得れば満足できるのかがわからなくなったまま、これが欲しいと思っているものを追求すると、いくら求めても、いくら得ても、それは本当に得たかったものと違うのだから、当然、満足できない。満足できないが、欲しいのはそれだと思い込んでいるので、さらに求めていく。だから、際限がない。

　ある時期に、ある限度を超えて基本的欲求が剝奪されると、人間は〈神経症的欲求〉に駆られる〈神経症的パーソナリティ〉になってしまうのだ。

　すなわち悪は、人間の生まれつきの本性・本能的な欲求の追求―充足ではなく、むしろ基本的欲求が満たされなかった結果としてのパーソナリティの――特に欲求構造の――歪みから生まれるという。

　こうした捉え方は、人間の心は〈白紙（タブラ・ラサ）〉であり、性格は〈条件づけ〉によって〈学習〉されたものであるから、問題があれば条件づけのしなおしさえすればよくなるといった発想とも、人間の深層の本能・欲望は基本的に悪であり、無理をしてかろうじて〈昇華〉あるいは抑制するのが精一杯だという発想とも違う。神経症的パーソナリティの形成が基本的欲求の不充足によるのなら、ほんとうの欲求を自覚させ、それを自然なかたちで充足すれば、心理的健康の回復＝治療は可能である。悪が人間にとって本能的な逃れられないものではなく、ある条件の下でのパーソナリティの歪み・病なのなら、治療の可能性はある。

つまり、原理的にいって、マズローの欲求の階層論からは、神経症の治療だけでなく〈悪〉の治療が構想できる。ここが、私にいわせれば「画期的」なのであるし、彼がかつて六〇年代アメリカの若者たちの知的英雄になった理由でもあろう。

## ユーサイキアの可能性

スペースの関係上、結論を急ぐが、さらに重要なことは、もしマズローの仮説が正しいとすれば、個々人の「悪い性格」が治療できるだけではない。人間すべてが〈自己実現的パーソナリティ〉へと成長する可能性を秘めている。だから、実際のプロセスはきわめて困難・複雑で、確率的には非常に少ないかもしれないが、人類全体が究極の「いい性格」の人ばかりの集団——マズローは、そうした自己実現的人間の集団を〈ユーサイキア（優れた心の社会）〉と呼ぶ——へと成長する可能性もあることになる。これは、歴史上繰り返し現われては挫折した楽天的なユートピア思想と、一見似ているように見えるかもしれないが、理論的根拠の点でそうとうに違うと思う。

人類が、これまで同様にエゴイスティックに振舞い続けるならば、生態系全体をまきぞえにして自滅することも、あながち空想・杞憂とはいえないにもかかわらず、資本主義も社会主義もいきづまっているようで、どこに向かっていけばいいか見えにくくなっているという、われわれの時代のなかで、マズローの仮説は、現代思想の水準からすると、たしかにややシンプルすぎるところがあり、エソロジー、人類学、構造主義、ポスト構造主義、記号論、脳生理学、社会生物学……などの緻密な分析・洞察によって修正・補足する必要はあるにしても、基本線としては依然として——というよりますます——有効な仮説であり、十分見直すに値すると、私は思っているのだが、どうだろうか。

# 日本の伝統とトランスパーソナル

## トランスパーソナルへの反応

心理学の新しい潮流としてのトランスパーソナルは、一九六〇年代末、アメリカに誕生した。十五年あまりのブランクの後、八五年の京都におけるトランスパーソナル国際会議開催と、ケン・ウィルバー『意識のスペクトル』の出版をスタートとして、日本への本格的な紹介・導入が始まってから、この一九九六年で十一年になる。

私事だが、私が学び始めたのが八四年だから、丸十二年、ちょうど干支が一巡りした。始めた時はまだ三十代、いまやもうすこしで五十歳になる。ここでは日本の伝統と関わる話をしたいと思うが、これは歳のせいで古き良き昔が懐かしくなり始めたわけではない。

私にとって西洋心理学と東洋宗教の融合は、最初からの課題で、導入から今までのちょうど中間の頃（九〇年一月）、自分の学びのまとめでもあり、日本におけるトランスパーソナル心理学の展開の出発点ともしたいと願って、『トランスパーソナル心理学』を書き、続いて日本仏教との融合の手がかりとして『唯識の心理学』も書いた。

それはともかく、十年あまりを費して、トランスパーソナルは日本に根づいたと言えるだろうか、言い換えると、トランスパーソナルと日本の精神的伝統との境界を超える対話は実現されたと言えるだろうか。私の感じは、「半ばはイエス、半ばはノー」である。どういう意味で、そうなのか、以下述べていきたい。

一九八五年以来、トランスパーソナルの主要な文献の翻訳やセラピーの実践がやや本格的に行なわれるようになり、アメリカの新しい心理学・思想として、いくらか社会的な話題になるようになってから、いくつか典型的な反応があった。

①一つは、「そんなものはもともと日本にあったもので、新しくも何ともない。いまさら学ぶものはない」という反応である。「そんなことはもともと仏教が言っていることであり、しかもトランスパーソナルの仏教理解は浅い」とか、「神道こそ日本のトランスパーソナルであり、もっと深いものだ」……など。

②もう一つは、「トランスパーソナルはちょっといかがわしいんじゃないか」とか、「あまりアカデミックではない」、「思想として甘い」といった反応である。

③さらに「トランスパーソナルは新宗教の一種ではないか」という反応もあった。

④もう一つ、「トランスパーソナルは、自我確立の重要性を軽視している」、「全体主義に陥る危

険がある」という反応もあった。

これらの反応は、私の知るかぎりほとんど印象批評であって、文献に当たり、セラピーを体験した上での評価ではない。しかし、ある一面を捉えていないわけでもない。

私たちはだれでも、自分の認識の枠組みをもっていて、できるだけその枠の中で、すべての情報を処理しようとするものである。本当は枠組みを変えなければならないような新しい情報であっても、なるべく既成の枠組みで処理しようとする。新しい情報が来るたびに、捉える枠組みそのものを変えるのは、負担が多すぎるからである。それは、いわば情報処理の経済性・効率性の問題である。そういう意味で、先のような印象批評―誤解は残念でもあり、惜しいと思うが、歴史のプロセスとしていえば、やむをえないことだろう。

そして、そうしたトランスパーソナルへの印象批評のタイプからは、印象批評の元になっている枠組みが読み取れて、なかなか興味深いともいえる。

## 神仏儒習合

「そんなものはもともと日本にあったものだ」という反応は、いうまでもなく日本の精神的伝統の枠組みを持っている方々からのものである。

そこで、問題を明確にするために、明治維新まで、と時代を区切って、日本の精神的伝統の基本をシンプルに表現すれば、やはり「神仏儒習合」ということになるだろう（あるいは「日本教」といっていいかもしれない）。それは日本文化史のほとんど教科書的な常識になっていながら、あるいはなっているからこそ、その意味は、私の知るかぎり、意外にまだ十分に深く検討されていないと思う。

私もまだ推測の域を出ていないが、「神仏儒習合」の世界観・人生観は、おそらく六世紀、聖徳太子の仏教国教化の決断あたりで始まり、空海の『十住心論』（八三〇年）で一つの理論的頂点に達し、嵯峨上皇、淳和天皇によるその路線の支持・公認によって、いわば精神的／霊性的な「国是」となった。その後、神道、仏教、儒教の間の対立・相互否定がまったくなかったわけではないが、にもかかわらずそれは、明治維新まで、日本人の大多数が合意・共感できる精神的な伝統の基本線であり続けたのではないか。

簡略に、その内容をまとめてみよう。人間のいのちの源泉であり、そういう意味で「神」なる自然、個々人のいのちの直接の源泉という意味で「神」である祖先＝祖霊、「神」である自然や祖霊と本質的に同一視された「仏」、そうした「神仏」とこれまた同一視された「天」、その定めた人間の秩序である国や村や家、そうした自分を超えたものを崇敬し、その意志に従って誠実に生きることこそ人生のあるべき姿であり、そこに人生の意味があり、それだけでなくそう生きれば死後も、祖霊となり、あの世（極楽など）へ行って、子孫から祭られ、年に一度は帰ってきて子孫と交流しながら、やがて神なる祖先（祖神）となっていく、というかたちで永遠性を保証される。「神仏儒習合」の世界観は、生と死の意味を保証する〈神話〉〈大きな物語〉だった。

そうした〈大きな物語〉は、神・仏・儒の立場のどれか一つによって形成されたものではない。そういう意味では、それぞれの立場から見ると「純粋」ではないように見える。しかし、〈大きな物語〉の有効性は、純粋さにあるのではなく、ほとんどの構成員に実感をもって共有されうるという、それがもっている「集合無意識的な」力にある。

しかし、神仏儒習合の〈物語〉は、明治維新の神仏分離、戦後の政教分離という二つのステップを経て、ほとんど解体しつくされつつある。その結果、日本人は、生と死の意味を保証する〈物語〉を失い、心の表層では経済的繁栄と娯楽でそれなりに幸福であるように思いながら、深層は深い喪失感・虚無感に蝕まれつつあるのではないか。

最近あちこちでくり返していることだが、「神仏儒習合の解体」は、欧米の近代人にとっての「神の死」に相当する、日本人の精神の根源的危機ではないか、と私は考えている。現代日本社会の病理的な現象の多くは、日本人全体がほとんど無自覚的に合意できた共通の価値観・世界観が失われつつあること、「神仏儒習合」の解体と根本的に関わっているように見える。

ここで詳しく論じる時間はないが、そういう意味でいえば、徳川幕府の宗派分離政策に始まり、明治の神仏分離以後、いっそう促進された仏教や神道の宗派の分離・独立したあり方は、そういう物語の崩壊を無自覚のうちに促進してきたのであり、純粋化されてきたという肯定的評価だけはできない、と最近になって私は考えるようになっている。

とはいっても、「神仏儒習合」は、崩壊しきったわけではない。ほとんど惰性態といった感じだが、依然としてかなり根強く残ってもいる。

## 近代主義と伝統主義

仮に、解体を進めてきた側を「近代主義」、にもかかわらず根強く残っている「神仏儒習合」的世界観の側を「伝統主義」と呼んでおけば、明治以来の近代主義と伝統主義のせめぎあいは、とりわけ戦後、近代主義の圧倒的な優位のうちに進行してきたが、決して終わったわけではない。

伝統主義に「封建的」「抑圧的」「因習的」「迷信的」……とレッテルを貼られてきたようなさまざまな問題があったことは確かである。そういう意味で、伝統への全面的な回帰はすべきではないし、またできもしない。しかし、やがて「民主的」「解放的」「進歩的」「理性的」……近代主義が全面的に勝てば、問題はすべて解決するかというと、まったくそうではない。

ここで復習的に近代主義の特徴をあげておくと、個人主義的な人間主義、民主主義、合理主義、物質科学主義、技術・産業主義、進歩主義、現世主義、無神論などであろう。

こうした近代主義は、個人のレベルでいえば、物質科学主義、無神論という点でニヒリズムに陥る必然性、個人主義と現世主義という点で、エゴイズムと快楽主義に陥る傾向をもっている。そして、民主主義は、ニヒリズム—エゴイズム—快楽主義を野放しにする口実に堕しがちである。

また、社会的なレベルでいえば、物質科学主義、技術・産業主義、進歩主義といった点で、資源の浪費、環境の破壊をもたらしてきた。また、国家エゴを超え、世界的な平和を創造する原理を見出すことができない。

個人や個々の集団を超えながら、しかも個々に内在する事実の自覚がないため、結局のところ、近代主義の本音は、「おれ、ないしおれたちが、おれ、ないしおれたちの好きなようにやって、何が悪いんだ。文句があるなら力でとめてみろ」ということになる。

実際、近代は、歴史上もっとも大規模で、その悲劇性も最大規模の、第一次、第二次大戦が行なわれた時代である。また、人間がよかれと思って発展させてきた自分自身の力によって、自分の生の基盤である環境世界を崩壊させようとしているという意味では、これまで体験したことのない危機にある。人類同士の平和、自然との調和という点でいえば、近代は進歩を遂げたとばかりはいえない、根本的な欠陥を持っているのではないだろうか。そういう意味で、近代主義自体、大きく揺らいでいるといっていいだろう。

そうした揺らぎの状況の中では、ますます近代化を進めようという方向も伝統回帰の志向も見られ、せめぎあいは終わっていない。

先にあげたようなトランスパーソナルへの反応も、そうした状況の中での、近代主義からのものと伝統主義からのものとに分けてみると、興味深いことが読めてくる。

①の「いまさら」というのは、いうまでもなく伝統主義からの印象批評である。自我を超えると

いう発想やそのための実践方法＝行法は、もうすでに仏教や神道に十分あって、改めてアメリカあたりから逆輸入する必要はないということだろう。

②には、近代主義からと伝統主義からのものが混じっている。

「いかがわしい」というのは、双方からの印象だろう。近代主義からは悪い意味での神秘主義や全体主義への退行に見えるらしい。また、儒教的禁欲主義の伝統からは、トランスパーソナル心理学、とりわけセラピーにおける欲求や感情の解放的な扱い方がそういう印象で受け取られるのだろう。

「アカデミックでない」というのは、トランスパーソナルは近代的・分析的な理性の方法や近代アカデミズムの手続きを踏まえていないという、半分くらい当たりの、しかしやはり誤解からきている。

「甘い」というのは、同じく近代・現代思想の批判的方法の緻密さに及ばないという、これも半分当たってはいるが、あまり生産的ではない批判である。これについては、ここでのテーマではないので詳しく述べないが、問題は、当面、緻密で不毛な批判を採るか、とりあえずおおまかだが実りのありそうな実践的思想を採るか、という選択の問題である。さらにいえば、時代は、それが「トランスパーソナル」であるないにかかわらず、緻密で実りある実践的思想を必要としているということだろう。

③と④は、近代主義からの印象批評だと見ていいだろう。近代主義にとっては、「個人性を超える」という発想は、即、全体主義（より正確には集団主義）や近代的自我と理性以前の宗教＝迷信

への退行・転落としか見えないのである。

つまり、トランスパーソナルは、伝統主義にも近代主義にもあまり印象がよくない、不評のようだ。しかしこの不評さは、裏返しの形ではあるが、トランスパーソナルの志向の一面をよく捉えていると思う。伝統に対しては近代的な批判・検証の目を、近代に対しては伝統が伝えてきた霊性の道の再発見を、というのがトランスパーソナルの基本的な志向だからである。

肯定的な言い方に換えると、伝統のなかには人間にとって有効・妥当・不可欠な霊性の道がある、近代にはまた有効・妥当・不可欠な理性がある。否定的な言い方をすれば、伝統は理性や自由の次元をまだ発見していない、近代は霊性や意味の次元を見失っている。

トランスパーソナルは、貪欲にも、伝統と近代の肯定的な面すべて(特に霊性と理性)を獲得し、否定的な面すべて(特に非科学性・独善性と分別知の専制)を廃棄しようとする。そうしたことが可能かどうか、それがどの程度実現できているか、評価は分かれるにしても、すくなくともその志向だけははっきりしている。

## 伝統の再発見と組み替え

前述のように、私の推測では日本の神仏儒習合は、欧米におけるキリスト教とほぼ同じ意味・社会的機能をもっていた。それは、社会の構成員全員に、世界とはどのようなものであり、社会とはどのようなものであり、それゆえ人間はどのように生きるべきかなどについて、絶対なるものによって基礎づけられた「型」を提示していたのである。その「型」がほとんどの構成員によってほとんど無意識的に合意されていることは、考えようによってはきわめて窮屈だが、心理的な安定性という面から見れば、確固とした基盤でもあった。

しかも、それにはキリスト教とちがっていい意味でも悪い意味でも「あいまいさ」があった。すこしひいき目に言うと、「習合」は、もともと多様性を受け入れる枠組みだったとも言える。多様なもの（八百万の神々や、無数の神仏、そして様々な立場の人間）が、それぞれに「所」を得、「分」をわきまえて、そしてなによりも「和」をもってやっていくことのできる体系だったと言っていいだろう。神仏儒習合は、多様な人々が家―村―国の秩序の中でお互い平和に暮らしていくための原理だったのである。

しかも神仏儒習合という思想は、民衆のレベルでは「あいまい」であっても、一つの理論的頂点としての空海『十住心論』などでは整然とした壮大な体系をなしていて、まったく「あいまい」ではない。日本文化がその理論的頂点としてこうした体系を持っていたことの意味は大きいのではないか、『十住心論』的な捉え方は――西欧の場合よりもっと無自覚なレベルでではあるが――西欧中世におけるトマスの『スンマ・テオロギカ（神学大全）』のような「専門家以外はめったに読まないが、しかもすべての構成員にとってのスタンダード」といった意味を持っていたのではないか、というのが私の推測・仮説である。

もちろん言うまでもなく、それが封建制・身分制社会における差別や収奪を含む秩序を合理化し、安定化させるための「体制側のイデオロギー」という側面をもっていたことも確かだ。それに関わってまた、近代的な理性と個人の尊厳・自由の重視も決定的に欠けている。

全体主義―集団主義という問題について述べれば、家―村―国といった全体は、それぞれが含む個人に対して個人に対しては「全体的」であるが、世界や宇宙といった、より大きな全体に対してはその部分である。いわゆる「全体主義」の問題は、①究極の全体ではないものを究極の全体であるとする思い込み、②そして、その部分にすぎない個人あるいは集団が全体を代表できるという思い込み、③それに基づいた、「全体」の代表者はその他の部分に献身・犠牲を強いる権威ないし権利があるという思い込み、の三点にあると思う。

「封建主義」はもちろん、近代のいわゆる「全体主義（Totalitarianism）」も、全体性を帯びてはいるがより大きな全体の部分にすぎないものを、全体そのものと取り違えているという意味で、正確な意味での「全体」主義になっていない。ほんとうの「全体主義」は、個人性、民主主義、理性をも含んだうえで、社会、人類、さらには全宇宙に向かって開いていくものである。それを「ホーリズム（Holism）」と呼べば、トランスパーソナルの目指すものは、ホーリズムであって、全体主義ではない。

とはいえ、最近の江戸時代の見直しによると（例えば、大石慎三郎他『新書・江戸時代1～5』講談社現代新書など）、エコロジカルな意味でいえば、江戸時代はみごとなまでに精巧な「持続可能な」社会システムだったようであり、従来イメージされていたほど、ひたすら貧しかったわけでもなく、絶えざる抑圧と収奪の世界だったわけでもないようだ。そしてなによりも対外的な意味でいえば、なんと三百年近くも「侵略せず侵略されない」平和な時代だった。今、私たちの時代がもっとも必要とするのが「平和で持続可能な世界秩序」だとすれば、そこには多くの見なおすべきものがあるのではないだろうか。

これはとりあえず空想《イマジネーション》にすぎないが（いわば「科学から空想へ」）、もし江戸期の社会に、理性と個人の自由と適正規模の近代技術というファクターを組み込むことができるならば、まさに今要請されている「平和で持続可能な社会」が構想できるのではないか、と私は予想している。

そして、多様なものが多様なままで共存できる枠組みとしての「神仏儒習合」、すなわち日本の精神的伝統は、キリスト教、イスラム、ヒンドゥーなどのさらに多様な要素を包み込み、組み込みながら、近代的な理性によって組み替えられるならば、そうした平和で持続可能な社会の共通精神――民主的合意を経た新しい「国是」さらには「人類是」（？）――に変容・成長しうるのではないか。

私にとって、そうした日本の神仏儒習合的伝統を見なおす上で、トランスパーソナル、とりわけウィルバーの意識のスペクトル仮説、グロフなどによる変性意識の臨床的意味づけ、ハーナーやウォルシュなどのシャーマニズムの再評価などが非常に参考になってきた。

以上述べたように、こと私個人の意図に関するかぎり、トランスパーソナルへの関わりを通して目指しているものは、伝統への退行でもなければ、近代主義への迎合でもない。もちろんダンテの言うように、「地獄への道には多くの善意が敷き詰められている」わけだが。トランスパーソナルは、そうした神仏儒習合の深い意味を再発見し、伝統的精神と近代主義を融合し、私たちの時代がさらに一歩を進めるための、少なくとも「第一次案」くらいにはなりうる、そういう意味で今後の日本にとって、もっとも有効・妥当な道の一候補にはなりうるのではないか、と期待しながら関わってきた。

日本でのトランスパーソナルの活動は、それまで伝統をほとんど意識していなかった一般の方々が日本の伝統（例えば禅、唯識、密教等々）の意味を再発見するきっかけになると同時に、伝統の内部（例えば仏教の各宗門）の方々からも、まだ多いとはいえないがしっかりとした共感の声と現実的な協力をいただきつつあること、すなわち、先にあげたような否定的な反応もあるけれども、ゆっくりとだがまちがいなく日本に根づきつつある、と言っていいと思う。

しかし、本当の意味で根づき、伸び広がり、花開き、実るところまで行けるかどうかは、それを受け止める日本の市民の精神性／霊性の実力と、なによりもそれを担っている者たち自身の精進にかかっていると思う。

**追記**

ここでいう「神道」は、言うまでもなく明治の神仏分離以後の「天皇制国家神道」とイコールではない。むしろ、日本のネイティヴなアニミズムやシャーマニズムの総称である。また「儒教」とは、中国の儒教を受容－変容しながら江戸時代までに形成された日本独自の人間関係秩序のほとんど無意識化された体系を意味する。

# 唯識は二十一世紀を拓く

## 三つの課題

唯識は、インド大乗仏教の流れの中から生み出された心に関する深い洞察を含む理論です。日本にはすでに七世紀に導入され、以後千三百年あまり伝承されてきたものです。そういう意味では大変古いものですが、私は縁あって学んでみて、内容的にはまったく古くない、それどころか、その洞察は、新しい世紀に向けて、この世紀末の危機を乗り越えるためには必要不可欠の英知であると考えるようになりました。そう考える理由の要点を短く話させていただきます。

二十世紀という時代をおおまかに振り返ってみますと、人類が三つの大きな課題を抱え、それを未解決のまま次の時代に持ち越そうとしている時代だと言っていいでしょう。

①その第一は戦争です。人類は二十世紀に、史上最大、最悪の戦争を行ない、まだ戦争を廃絶できていません。人類規模の永続的な平和という課題を解決できてはいないのです。

②第二は環境破壊、資源の浪費です。近代の科学技術・産業文明は、ある限定された範囲での貧困からの脱出を可能にしました。しかし、それは世界全体ではありませんでしたし、何よりもそうした近代の産業活動は、いまや人間自身の生きる基盤を、いわば食いつぶしつつあります。人類と自然との持続的な調和という課題を解決できていないのです。

③第三は意味の喪失です。近代世界では、物質科学主義の蔓延によって、命や心もモノの働きの一種に還元して捉えられるようになり、生と死の意味が見失われつつあります。その結果、ニヒリズム―エゴイズム―快楽主義が氾濫しています。

二十一世紀を拓く心理学の条件は、そうした三つの大きな課題を克服するための理論と実践の方法を持っていることですが、唯識はそうした条件を根本的な点で満たすものだ、と私は評価しています。

## 問題の原因分析

さて唯識の視点から言うと、三つの問題は基本的にはまったく同じ根から発生しています。それは、一言で言うと「分離的認識」、すなわちすべての存在を、ばらばらに分離したものとして捉える認識のあり方です。仏教の用語では「分別知《ふんべつち》」といいます。これは、人類が言葉を獲得し、言葉を使って世界や自分を認識するようになって以来、つまり人類が人類としての歩みを始めて以来抱えてきた問題で、現代においてそれが頂点あるいは限界に達しつつあるのだと言っていいでしょう。
簡単に言うと、言葉、とりわけ名詞・代名詞を使って世界を見ると、木なら木、私なら私という名詞・代名詞に対応した分離した「もの」があるかのように見えてしまい、それを成り立たせている無数の関わり・つながりが見えなくなってしまう傾向があるということです。

①〔戦争の根本原因〕

もちろん個々の戦争には複雑な事情が絡んでいるわけですが、問題点をはっきりさせるためにあえて単純化して言うと、向こうとこちらの集団が分かれて対立しているという分離的認識なしには、戦争は起こりえません。自分たちとは別の集団があって、「あいつらが自分たちの利益を侵害する、名誉を傷つけた」とか、「自分たちの信じている正義に反している」とか、「あいつらを侵略、征服、支配すると、自分たちがもうかる」といった考えがあって初めて戦争になるわけです。

②〔環境破壊の根本原因〕

環境破壊・資源の枯渇も分別知によるものだと言って間違いありません。自然・地球環境を人間とは分離した向こう側にある対象と認識し、それをいろいろに細かく部分に分けて捉え、人間の都合のいいように作りなおすことができる、そうしていい、というのが、科学・技術・産業の基本にある考え方だと思います。

それがまだ未発達で小規模の間は、自然にはそうとうな自己修復力がありますから、それほど問題にはなりませんでした。しかし、近代になって科学技術と産業活動が驚くべき大規模にまで発展してきたとき、ようやく地球環境の自己浄化力には限界があること、地球の資源にも限りがあることが明らかになってきたのです。

しかし確かに分別知に基づく科学・技術・産業によって近代人は、一方では環境の破壊をやってきたわけですが、同時に無知や迷信や貧困や悲惨な病気や災害などを克服してきたわけですし、特に最近の科学によって、地球環境が一つにつながったシステムであることや、その資源にも自己浄化能力にも限界があることもわかってきているわけです。ですから、分別知には大きなプラスの面もあるのです。しかし、行きすぎた分別知が現代の危機をもたらしていることも、否定できない事実でしょう。

③〈ニヒリズム―エゴイズム―快楽主義の根本原因〉

近代以前には、人間は他と分離した個人として生きているのではなく、家族、村、国などの社会や歴史、さらに神や仏、天地宇宙につながっているという感覚が強く存在していたと思われます。日本では、その基礎になっていたのは「神仏儒習合」の世界観です。日本の庶民はかつて、神と仏と天と自然とご先祖さまがほぼ同じものであり、それらのお蔭で自分が生かされているのだというふうな、漠然とした、しかし根強い世界観をもっていたと思われます。それは、明治維新まで、暗黙の国民的合意だったのではないか、そして、正しく生きることの根拠にもなっており、つい最近まで生きていたのではないか、と私は推測しています。

こうした「神仏儒習合」の世界観は、まず明治維新の神仏分離で、弱体化されてしまいますが、それでも戦前はかなり根強く生きていたと思いますし、それが社会の精神的・倫理的な安定性を支えていたのではないでしょうか。

ところが、戦後、アメリカの民主主義・合理主義的な教育政策によって、公教育と宗教全体も完全に分離されます。そして公立の学校では、結局のところ、すべてのものは物質主義科学によって分析できる物質の組み合わせにすぎないという結論にいたるような知識が、朝から晩まで、子どもの心に注入されていきます。

これは表のプログラムとしては、理性や科学やヒューマニズムを教えているのですが、その裏で、教える側も気づかないうちに、「人間も結局はただの物質であり、だから生きていることには結局意味がないし、人間を超えた神や仏や天などただの神話で、だから絶対的な善悪もない。だから、人間は自分を大事にして、自分の生きたいように生きるしかない。それは人間の権利だ」という人生観を教えた結果になっているのだと思います。

これはうまくいくと、「人間は誰だって自分が大事だ。だから、人も大事にしなければならない」というヒューマニズムになるのですが、しかし人間を超えたより大きな何ものかの存在という絶対の根拠は考えられていませんから、ほんの少しずれると「人間は誰だって自分がいちばん大事なのだ。だから、余裕があるときは人も大事にするが、余裕がないときは大事にできなくてもしかたない」、さらにもう一歩進むと「人に迷惑をかけなければ、自分がやりたいことは何だってやっていい」という、小市民的なエゴイズムになってしまいますし、さらに一歩誤ると「悪いことをしても、ばれなければいい」、さらに「悪いことをしてばれても、自分に力があって社会的な制裁を受けなければいい」、もっと恐るべきところまで行くと、「制裁を受ける覚悟さえあれば、何をしてもいい」ということになってしまう危険を底に秘めています。

つまり神も仏も存在せず、モノがあるだけの世界は、つきつめると必ず意味も絶対の善悪もないということになります。それがニヒリズムです。

そして神仏も意味もなければ、絶対の善悪もないが、自分だけはいて、その自分が一番大事だと思うのがエゴイズムです。

そして、人間の命もモノの寄り集まりにすぎないのですから、もちろん意味も善悪もないのですが、なぜかとりあえず自分はいるし、自分の気持ちのいい悪い、好き嫌い、快不快はありますから、あとはそれを自分勝手に追求して生きるしかない、そうしていい、と思う。それが快楽主義です。

つまり、近代的な理性、科学主義的な世界観にはもちろんプラス面があったわけですが、そのマイナス面が徹底的に進むと、必然的にニヒリズム―エゴイズム―快楽主義に陥ってしまうという本質的な限界を持っています。現代日本の大人も子どもも陥っている心の荒廃も、いちばん深いところでいうと、そういうニヒリズム―エゴイズム―快楽主義の問題ではないか、と私は捉えています。

## 問題克服の見通し

しかし現代人は、いったん近代的な理性や科学の持っている妥当性を知ってしまった以上、かつてのような神話的な宗教にもどるわけにはいきません。では、どうするかという時、幸い私たち日本人には、近代的な理性を含んで超えるような仏教・唯識の英知が、なぜか不思議にも精神的な遺産として、十分に読み解かれないままですが遺されていたわけです。

その最も重要なポイントを二点だけ簡略に述べます。

第一は、ふつうの人間は、すべての存在がばらばらに分離してあり、それが後からつながりをもつというふうに思い込んでいるが、それは妄想であり、実は深いレベルではすべてがつながって一つでありながら仮に区別はできるかたちでそれぞれの姿を現わしているのであり、そのことをありのまま見るのが正しい見方だという洞察です。ばらばらを見る見方、つながりを見る見方、一つを見る見方の三つで、迷いと覚りを説明しているので、「三性説」と呼ばれています。

第二は、人間の分離的認識・分別知は、ただ意識にあるだけでなく、心の奥底に自分と自分でないものを分離して自分にこだわる無意識作用＝マナ識、命と命でないものを分離して命にこだわる無意識作用＝アーラヤ識があるという洞察です。心を意識と五感の他、マナ識、アーラヤ識の計八つで捉えているので、「八識説」といいます。私は、八識三層構造説というふうに言い換えていますが。

こうした視点からすると、ニヒリズム―エゴイズム―快楽主義も錯覚であることが明らかになりますし、それだけではなく、かつどうすればそれを克服できるか、きわめて明快な見通しが立ちます。

まず第一のポイントから言うと、ニヒリズムも、すべてがばらばらに分離したモノであり、自分も宇宙と分離した存在だという錯覚から派生したものです。しかし唯識の見方からすると、私と宇宙はつながっていて一つですから、宇宙は私の生命を含み、心を含んでいます。本当の全宇宙は、物質をベースにしつつ、しかし生命を生み出し、心を生み出し、そして生命と心の働きとして、意味を生み出しています。つまり全宇宙には意味が含まれているのです。

またエゴイズムは、私が私だけで私だけのために存在できる実体だという分別知から生まれています。しかし唯識によれば、私はもともと他のすべての存在と果てしなくつながっていて一つのものとして、ある一定期間、私というかたちを取るのです。縁起、空、無我、無常です。それに深く気づくと、エゴイズムは成り立ちようがありません。

そして、ニヒリズムとエゴイズムという錯覚に基づいて、人生は結局自分の快楽を追求するしかないという考え方・生き方に陥っていくのが快楽主義ですが、本当は私たちはただ死んだらすべてがおしまいという存在なのではなく、全宇宙の働きの一部として意味を創り出していく存在であり、私たちの生死をとおして宇宙の意味が発生―発展しているわけです。ですから、宇宙の進化全体がどこに向かおうとしているか、その中で人間、特にこの私にどういう役割を果たさせようとしているか、古い言葉でいうと「天命」を自覚し実現することの中で生と死の意味が生まれてくるのであって、人生には意味がないから快楽を追求するしかないというのはただの錯覚なのです。

つまり、すべてがつながって一つであること、私たちは宇宙に包まれていること、を心の奥底まで実感できれば、ニヒリズム―エゴイズム―快楽主義は自然に解消されるでしょう。

そして、戦争の問題に戻ると、人間同士、あらゆる民族や国が、本当はお互いにつながっている一つの宇宙の部分なのですから、そのことをすべての人が心の奥底から実感できるような文明ができれば、戦争は起こりようがありません。

また、人間と自然が分離した別々の存在だと思うから、平気で自然を浪費したり汚したり壊したりできる。自分と深くつながっている、それどころか深い意味では一つだという実感をベースにした価値観と、それに基づいた経済体制ができれば、自然を傷つけることは自分を傷つけること、つまり最大の損失ですから、それはできない、やらないのです。

唯識の洞察がさらに有効・妥当だと思うのは、第二のポイントで、分離的認識もつながりや一体性の認識もただ知的・意識的なことがらではなく、もっと根の深い問題だと捉えているところです。つまり、簡単にいうと、ふつうの人間の心は奥底まで分離的にものを捉えるようになっていて、知的・意識的に他の人や自然とのつながりを認識しただけでは、心の奥底は変わらないのです。ですから、人間はヒューマニズムを勉強しただけでは本当にヒューマニストにはなれない、コミュニズムを勉強しただけではコミュニストになれない、エコロジーを勉強しただけではエコロジストにはなれないのです。ここに近代—二十世紀の社会変革運動すべての限界があると私は考えていますが、それに対して唯識には、そこから先の展望があるのです。

すなわち、人間の問題のほとんどすべては心の奥底での分離的認識から生まれているが、逆にいえば、心の奥底からつながり・一体性の認識・実感ができるようになれば、問題は解決できるということです。そして、人間という存在にとって、心の奥底までの変容は——それを「転識得智《てんじきとくち》」といいますが——非常に困難だ、困難だが可能だ、というのが唯識の主張です。

では、どうすれば心の奥底まで変えることができるかというと、言葉を使って分離して見たばらばらの世界ではなく、言葉を超えた一つの世界を見るという意識体験をするための坐禅・瞑想という方法を中心として六つの実践方法＝「六波羅蜜」があるわけです。

## 分別智を超えて

こう見ていくと、二十一世紀に残される三つの問題はすべて、その奥に人間の分別知の問題があるといって間違いないと思いますし、それに対して唯識は、まず分別知の限界をみごとに理論的に明らかにし、どうすれば、戦争に対して平和、環境破壊に対して調和、無意味に対して意味を実現できるかの原理的な見通しをも明らかに示しています。

つまり、一人一人から始まってすべての人、民族、国家が、心の奥底までつながりと一体性を実感できるような新しい人類文明を確立することによって、平和、調和、意味の実現は可能になるのです。さらに唯識は、人間の問題点をただ理論的に明らかにし、暴き、告発するというのではなくて、どうすれば心の奥底まで分別知を克服できるのか、非常に明快で実践的な筋道も示しています。

ただ唯識の洞察は、基本的に個々人の心の問題に集中しており、社会・世界レベルに関する洞察はほとんど含んでいませんし、坐禅・瞑想を中心とした実践の方法は、万能ではありませんし、速効性ということからいうと、かなり手間ひまがかかるもので、万人向きということもできないでしょうから、唯識だけで二十一世紀を拓く条件すべてを満たしていると言うことはできません。他の心理学との協力、習合が必要です。しかし、その必要・不可欠な核となりうることは間違いない、と私は評価しています。

# Ⅲ　コスモロジーの創出のために

# コスモロジーの創出のために

## 六〇年代末の問題意識から

今年（一九九八年）六月、二十一年間勤めた出版社を辞めた。エディターをしながらライターとしても一九九〇年の『トランスパーソナル心理学』をスタートに十冊以上の本を書いてきたが、昨年五十歳になり、「五十にして天命を知る」という思いもあって、思い切って独立し、六年半ほど前に始めた「サングラハ心理学研究所」を核とした仕事に専心することにした。

私は、牧師の家庭に生まれ、その教派の創立した大学の神学部に学んだ。いわゆる「全共闘世代」だが、学生運動には参加せず、運動をしていた諸君とはむしろ激しい議論をした。行動としてはいわば穏健・良識派だったが、アカデミズムへの批判という点では共感し、大学にはあえて残らなかった。それはその頃、八木誠一先生や滝沢克己先生の影響でキリスト教絶対主義から離れていたこともあり、神学を含め既成アカデミズムの中から人類の未来を拓く潮流が生まれてくるはずはない、と若さゆえの断定をしていたからだった。簡単に言うと、アカデミズムでは実存と社会の二つの問題はどちらも解けないと思った。

実存の問題とは、「神」がいないとすると、やがて必ず死ぬ人間の有限な生の意味はどこに見出されるのかということである。私は高校生までは伝統的なキリスト教信仰を持っていたので、大学に来て、文献学、歴史学、実存哲学、心理学、社会科学など様々な批判的方法によって、伝統的なキリスト教の神話的教義が批判・解体されざるをえないことを知ったのは大変な衝撃であり、いったんは人生の意味の基盤を見失うような危機だった。今考えてみるとそれは、私もまた、ニーチェの言う「神の死」そして「ニヒリズムの到来」という、近代人のたどらざるをえない体験をしたということだとも言える。

幸いそれに続いて、西谷啓治らの京都学派の宗教哲学を知り、大乗仏教とりわけ禅は、古代的な神話をすべて捨て、理性・科学の成果を認めた上でも十分成り立ち、生死の問題を解決できる宗教であり、ニヒリズム克服の道はそのあたりにあるという見通しを得た。

実存の問題に見通しがついた頃、私のいた大学でも闘争が激しくなった。渦中にあって、全共闘諸君の「今の社会はどこか間違っている」という感覚と「社会変革と自己変革を同時に」というスローガンには共感したが、彼らのアプローチではそれは実現できないと思った。それは、大きく言えば、彼らには、政治運動として本当にやり抜く決意も勝ち抜く実力もないと思えたこと、何よりもメンバーの中で「内なる権力性」の問題――つまり実存あるいは人間性の問題――が十分に自覚されていないと思えたこと、の二つの理由による。

どんな理想を目指す運動・組織も、担う人間が歪んでいれば、必ず歪む。では、歪んでいない人間性・心はどうすれば確立できるのか。それを問うことなしには、どんな革命・変革・改良運動も結局は歪み、行きづまる。その問題を解きほぐすカギは「自己の変容」にあると考えた。しかし、そうした問題を根底から問うている政治組織もアカデミズムも宗教もほとんどないと思えた。だから、既成の組織にはできるだけ属したくなかった。

学校を出た後、ではそういう大変な課題を自力で解けるのかという問題にぶつかり、苦しんだ。既成キリスト教に期待はなかったが、出身教派の教会に縁あって招かれ、十一年間牧師を務めた。といっても、語っていたのは、キリスト教と仏教の根底にあるものは同じだという話である。その間に、理論だけでなく、自分自身の自己変容・人間性の確立——「覚り」がそれだと期待した——を求めて、秋月龍珉先生について坐禅を始めた。しばらく続けるうちに、体験としては手がかりを得たが、理論的にはまだ暗中模索の状態だった。

やがて秋月先生からヒントをいただき、それが煩悩と覚りの心理構造を理論的に明らかにしているのではないかと期待して、唯識を学んだ。期待はかなりみごとに満たされた（そこで得た認識を広く伝えたくて、十年ほどの間に唯識に関する本を五冊、さらに総集編的な『唯識のすすめ——仏教の深層心理学入門』を、続いて『大乗仏教の深層心理学——『摂大乗論』を読む』を書いた）。

だが、唯識の洞察は成人の修行者の心理に集中していて、ふつうの人間の生活の心理や幼児から成人までの発達心理を捉えるには不十分である。そこで、欧米の心理学・心理療法と唯識―仏教との統合が必要だと考え、自分なりにそれらについて学び、統合の大まかな構想もできつつあった。が、そこまで来て、はたと困ったのは、自分がアカデミズムを飛び出していることである。学生時代の専攻は仏教でも心理学でもない。日本では、専門分野の学歴がなくアカデミズムに属していない素人が「唯識―仏教と心理学の統合」などを語っても、誰も信用しない。

## 出版を通じて

そんな頃、春秋社の神田龍一会長から秋月先生を通じて声をかけてもらった。そこで、「私は、今のアカデミズムには未来を拓くような創造的・総合的な仕事はできない、できるとしたら、志ある出版社だと思う。御社を、新しい潮流を創り出すための媒体として使っていいのなら、働いてもいい」と気負って言うと、会長は「出版は産業でも企業でもなく、本来、志の業だ。我が社を使って君の志を果たせばいい」と答えられた。それで、「明治生まれらしい太っ腹な人だ」と感心し、入社することにした。

入ってみると、いろいろ意見の対立もあったが、やりたい出版は約束どおりやらせてくれた。これは幸運であり、感謝すべきことであった。会長が亡くなって何年にもなるが、思い出すと懐かしい。

その頃手がけたのは、例えば八木誠一先生の『自我の虚構と宗教』、八木先生と久松真一先生との対談『覚の宗教』、西谷啓治先生との対談『直接経験』、私の目指していたこととの関わりで言えば、精神分析の岸田秀氏との対談『自我の行方』などであった。その他、秋月龍珉先生と精神分析の小此木啓吾先生の対談、上田閑照先生と河合隼雄先生の対談なども企画したが、これはいろいろな事情があって実現しなかった。

その後、一九八四年、吉福伸逸氏の雑誌論文を通じてトランスパーソナル心理学、特にケン・ウィルバーの存在を知った。大変な衝撃だった。ウィルバーは、私のライフワークのつもりだった「西欧心理学と東洋宗教の統合」をすでにみごとに成し遂げているらしい。「先を越された」という落胆と、「これは時代の課題なのだから、誰かがやってくれたのなら、それはいいことだ」という志的な思いが混じり合って複雑だったが、「私が言っても誰も信用しないが、同じことをアメリカの最新の思想だと紹介すれば、日本人は反応する」と判断し、吉福氏にウィルバー『意識のスペクトル』の翻訳を依頼した。その出版と、京都での国際トランスパーソナル学会の開催が共時的に重なった。以後、一貫してトランスパーソナル心理学の体系的・本格的な紹介に努めた。

同じ頃、無肥、無耕、無農薬、無除草で、科学農法と同等ないしそれ以上の収穫をあげられるという、驚異の「自然農法」の福岡正信師とも出会って、以後彼の著作のほとんどを手がけることになった。また二十世紀を代表する覚者、インド生まれの哲人宗教家クリシュナムルティの『生と覚醒のコメンタリー』など一連の著作も手がけることができた。

さらにそうした流れの、教育の分野における展開として、ホリスティック教育関係の書籍も出版することができたし、同僚が、ヒーリング、ホリスティック医学の分野を展開してくれた。

それらは読者に広く受け容れられ、大型書店ならたいていコーナーがあるというところまでいった。自分の言いたいことを、自分より上手に言ってくれる――そしてその本がよく売れる――著者たちに出会うという、編集者として最高の幸運を私はつかむことができ、新しい思想潮流を創り出すという志を、かなりの程度、実現できた。

## 潮流の停滞の中で

もしこの潮流が順調に大きく育っていたら、私はそのまま編集者に留まったかもしれない。しかし残念ながら今のところ、私の期待したほどには育っていない。

「どんなに新しい商品分野も十年たったら飽きられる」という。しかし私の予想・期待では、この潮流は従来の欧米思想の紹介とは違って、何年かで飽きられるようなものではないはずだった。なぜなら、それらはアメリカ産だが、一つの深い根は東洋思想、特に仏教にある。仏教の現代的な展開と言ってもいい。だから、日本でもう一度オリジナルと照らし合わされることによって、いっそうの深化・発展をするはずだ（してほしい）と思った。

そして担い手（研究者、著者、セラピストなど）も、いつまでもいわば輸入ものだけでなく、すぐれた国産ものが出てくるはずだった。受け手（読者、講座やセラピー、ワークショップなどへの参加者）もどんどん増え、社会全体に大きな影響力を持つ流れができる、そうした流れはやがて日本の文化と社会体制全体を穏やかかつ確実に変える、いっそう大きな潮流へと育っていくだろう……と期待していた。

しかし、本格的な紹介を始めて十年あまり経たいま、読者数は残念ながら伸びていない。都内の書店を回ってみると、トランスパーソナル・コーナーがなくなっている店もあった。若い世代の研究者やセラピストも、少しずつ増えつつはあるが、まだ決して多くはない。また、一九九六年に「日本トランスパーソナル学会」が結成されたが、これも伸びは順調とは言えない。日本の言論界、学界における認知度もまだ十分高まってはいないようだ。

トランスパーソナル・ホリスティックの潮流は、今、やや停滞状況にある（「ジャンプするためにいったんしゃがむ」状態だとは思うが）。

## 悲しき舶来上等主義

ある意味で最初から予想はしていたが、停滞状況の中で改めて、日本人は悲しいまでに舶来上等主義であり、新しいもの好きだなと思う。欧米から来た新しいものには、中身が何であれ関心を持ち、日本の古いものというと、それだけであまり関心を示さない。もちろんそれは大まかな傾向であって、すべての人がそうだというわけではない。しかし、若い人ほどその傾向が強くなることは確かだ。

私自身の経験を言うと、かつて新宿の朝日カルチャーセンターで継続的に講座をもっていた頃、「トランスパーソナル心理学」とタイトルを掲げると、募集定員一杯か、それを上回ることもあった。参加者には、私と同世代や、さらにもっと若い、元気のいい女性が目立った。ところが、「唯識の心理学」としたとたん、参加者は半分程度になり、お年を召された方が多くなる。私としては、本質的には同じことを伝えようとしていたのだが。

なぜなのだろうとずっと考えていて、最近思い到った推測がある。以下、その要点を述べてみよう。

## 日本人の精神性を支えていたもの

最近、毎日のように、政・官・財の癒着と腐敗、大人から若者や子どもに到るまで、信じられないほどの心の荒廃を感じさせる事件・現象が報道される。見聞きしていると、「日本はどうしてこんなふうになってしまったのか」と絶望に近い思いが湧く。日本人の精神性・倫理性は、いまや崩壊寸前なのだろうか。過去を美化するつもりはないが、わずか三、四十年前の日本を思い出しても、こんなにひどくはなかったのではないか。

なぜ、たった三、四十年ほどで、日本人はこんなふうになってしまったのか。そのことと、トランスパーソナルが流行って停滞し、唯識というと受けないこととには、本質的に関連があるのではないかと気づいた。

それをはっきりさせるために、私は最近、機会があるごとに「子どもの頃、悪いことをした時、親に何と言って叱られましたか」という聞き取り調査をしている。そうすると、毎回いくつかの典型的な言葉が出てくる。例えば、「(神さままたは仏さまの)罰《ばち》が当たるぞ」「うそをつくと、閻魔さまに舌をぬかれるぞ」「悪いことをすると、地獄に落ちるぞ」「人は見ていなくても、お天道《てんとう》さまは見ているんだぞ」「おまえがこんなに悪い子になって、私はご先祖さまに申し訳が立たない」といった言葉である。

つまり、かつて日本人の精神性・倫理性を支えていたのは、神・仏・儒、三つの宗教の総合的・習合的な力だったと思われる。親たちにとって、神と仏と天と自然とご先祖さまはほとんど同義語で、子どもを叱るとき、どれか一つではなく、適当に使い分けていた。そしてそれは、周りの大人すべてに共有されていた。だから、子どもたちも何となく、「そうか、だから悪いことをしてはいけないんだな」と感じたのではないだろうか。

そうした、人間は「自分を超えた何か大いなるもの」の道、掟、法、習わし……に従って生きるべきだし、そうしてこそ「いい」、つまり正しくかつ幸福な人生が送れるのだという世界観・人生観は、明治維新までは、日本人のほとんどが共有していた、いわば暗黙の国民的合意だったのではないか。ところがそうした国民的合意、つまり「神仏儒習合」の世界観が崩壊しつつある。そこに様々な問題の根があるのではないだろうか。

では、どうして神仏儒習合の精神が崩壊しつつあるのか、日本の近代史を大まかに振り返ってみて、三つの段階を経てきていることが見えてきた。

## 崩壊の三つの段階

### 1 神仏分離

第一は、言うまでもなく黒船―開国―明治維新―文明開化である。

そこで押さえておきたいのは、戦後の歴史教育のおかげで、江戸時代はひたすら封建的・閉鎖的で、西洋文明からは遅れていて、身分差別が激しく、農民は貧しく……というイメージが根強いが、今、価値観の物差しを換えると、別のことが見えてくるということだ（佐藤常雄・大石慎三郎『貧農史観を見直す』講談社現代新書、参照）。

第一に、日本はほとんど三百年近く、欧米諸国と違って他国を一切侵略せず、また侵略されない、平和な独立国家を維持した（アイヌの人々に対する問題はあったが）。一揆などはあったが、大きな内乱はなかった。国の内外での持続する平和の実現という物差しで見ると、大きな達成である。

第二に、江戸の経済は驚くほどリサイクル的だったようで、そのまま何百年でも生態系を壊さないで人間が生活していけるシステムができていたという説もある。もちろん飢餓や間引きや病気など悲惨なこともあった。しかし、持続可能な環境調和《エコロジカル》的社会システムの形成という現代の課題を、先駆的にかなりみごとに達成していたとも評価できる。

　そして、そうした平和と調和の達成を支えていたのが神仏儒習合の思想だったと思われる。ところが黒船―植民地化の危機に際し、志士たちは、心の依りどころを神仏儒習合ではなく国学―天皇制神道に求めた。国難に対処する精神的エネルギーを結集する原理として、他に選択肢はなかったとも言えるが、そこには大きな問題も含まれていた。それは、維新後、「神仏分離」が行なわれ、天皇制神道が他と切り離されて国教化されたことである。そして学問としては洋学が優先され、家族主義―儒教道徳は残されたが、仏教は大幅に格下げされた。ここに、神仏儒習合の総合的な力が落ちる始まりがある。

　日本の精神性の中核にあるべきなのは仏教だった。神話的な天皇制神道は、近代的な世界で普遍性を主張することはできない。人権・平等主義の立場からは、硬直した儒教は批判されざるをえない。仏教は、地獄―極楽といった神話は近代科学の批判にたえられないとしても、縁起―空―慈悲というエッセンスについて言えば、たえられるどころか、むしろ近代―現代の限界を超える、「理性を含んで超える」思想だと言える。そういう意味で、中核は仏教であるべきだったし、実は仏教を中核とした神仏儒習合こそ、飛鳥以来千数百年にわたる日本の精神的伝統だったのではないかと思う。

その意味で、明治政府の神仏分離政策は、千数百年の伝統を破壊するものであり、国の精神政策としては大失策だったかもしれない。とはいえ、人類の意識の進歩という視点から言うと、神話的な宗教はいったん理性的な批判を受けるほかない。また、当時の状況では、神仏儒の精神性を基本的には保持しながら、しかも理性・科学を十分踏まえて、仏教の普遍性のあるエッセンスだけを取り出し、それを核に神仏儒習合の意味を読み直して、日本人全体の合意できる新しい精神性に昇華させる……など、神業に近いことだったただろう。だから、これは「後知恵」で、言ってもしかたないことではある。

しかし、分離—弱体化の始まりにもかかわらず、庶民レベルでは、日本人の心を支えていたものは依然として神仏儒習合の精神性だった。それが、戦前の日本社会の安定性の基礎になっていたのだと思われる（戦前がすべてよかったと言いたいのではない）。

## 2　公教育と宗教の分離

ところが第二次大戦で、日本は軍事力、技術力、経済力、精神力のすべてをあげて「総力戦」を戦い、そして連合国、特にアメリカに負け、占領された。その結果、精神性をも占領されることになった。以下、かなりの部分、江藤淳氏の受け売りだが（『忘れたことと忘れさせられたこと』『閉ざされた言語空間——占領軍の検閲と戦後日本』『一九四六年憲法——その拘束　その他』いずれも現在、文春文庫）、私の理解と言葉で述べておこう。

終戦直前、アメリカは、国務長官―大統領レベルの占領政策として、はっきり「日本人の精神的武装解除をしなければならない」、つまり「大和魂」を骨抜きにして、二度と戦争をしない（つまりアメリカに逆らわない）国民にしようという意図を持っていたという。

実際、占領軍は――日本に「言論の自由」をもたらしたというイメージと異なり――そのために約三年半にわたって徹底的な言論統制を行なった。それは、言論統制を行なっていることそのものをも報道させないという、歴史に類のない言論統制だった。言うまでもなく、日本の伝統的な精神性の意味を評価するような発言は一切、検閲・抑圧された。そして言論関係者は、発行禁止・放送禁止にならないよう、検閲の原則を呑み込んで事前に自主的にチェックする習慣を身につけさせられた。習慣はやがて無意識のものになり、あたかも最初から自分のものだったかのような気にさせられていったという。

また占領軍の指導下で政教分離が行なわれたが、重要なことは、「教育基本法」で公教育と宗教が完全に分離されたことである。つまり、公立の学校へ行く大多数の日本の子どもは、学校で日本の伝統的な精神性に触れてはいけない、触れることができないことになったのだ。それに代えて、個人主義的な民主主義と物質科学主義的な合理主義が、唯一正しい世界観・人生観であるかのように教えられることとなった。

ここで明治の「舶来上等主義」にもさらに拍車がかかった。あらゆる方法で日本の子どもの深層に、「アメリカのものは力があり、正しく、新しく、進んでおり、格好よく……」、「日本のものは弱く、間違っており、古く、遅れていて、格好が悪く……」というイメージがしっかりと埋め込まれたのである。(トランスパーソナルは流行り、唯識が受けなかったいちばん深い理由は、この「アメリカ・コンプレックス」にあると思われる。ついでに言えば、おそらくまちがいなく「茶髪」の流行の理由もそうだろう)。

ここからは私の推測だが、そこで恐るべきことが起こっている。戦後教育は、表のプログラムとしては、もちろん理性・科学やヒューマニズムを教えている。だが、教える側も気づかないうちに、その裏で、「人間も結局はただの物質であり(だから生きていることには意味がない)、神や仏や天など、ただの神話で(だから絶対的な善悪の規準はない)、国や村や家などのために犠牲になるのはバカげたことで、個人の権利こそ大事なのだ(だから、人間は自分を大事にして、自分の生きたいように生きるしかない。それは権利なのだ)」といった人生観を、子どもの心の奥深くに埋め込むという結果になったのではないか。

もちろんうまくいった場合は、「人間は誰だって自分が大事だ。だから、人も大事にしなければならない」というヒューマニズムになる。しかし、絶対の根拠はないのだから、少しずれると「人間は誰だって自分がいちばん大事だ。だから、余裕があれば他人も大事にするが、余裕がないときは大事にできなくてもしかたない」、一歩進むと「人に迷惑をかけなければ、自分がやりたいことは何だってやっていい」という小市民的なエゴイズム、さらに一歩誤ると「悪いことをしても、ばれなければいい」、「悪いことをしてばれても、自分に力があって社会的な制裁を受けなければばいい」となってしまう。もっと深刻なのは、「制裁を受ける覚悟さえあれば、何をしてもいい」というところまで行ってしまう危険を秘めていることだ（すでに現実の事件となって現われていると思う）。

神も仏も存在せず、モノがあるだけだという世界観は、つきつめると必ず、すべては意味がない、善悪の基準もないということになる。ニヒリズムである。そのくせ自分だけは存在しており、自分がいちばん大事なのであり、自分勝手に生きていいのだと考える。エゴイズムである。そして、人間の命もモノにすぎず意味はないが、つきつめると自殺したくなるし、とりあえず生への執着はあり、自分の気持ちのいい悪い、好き嫌い、快不快はあるので、ごまかしながら、気晴らし、快楽を追求して生きるしかないと思う。快楽主義である。

近代には、大きなプラス面もあるが、マイナス面が徹底的に進むと、必然的にニヒリズム―エゴイズム―快楽主義に陥ってしまうという本質的な限界がある（三つはいわば三点セットなので、以下、文脈によってはニヒリズムで代表させる）。欧米では、もっと早い時代に、近代的な理性・科学によってキリスト教が批判・否定され、「神の死」とニヒリズムという状況が到来したのだが、日本では明治維新と敗戦という二段階を経て、近代的な理性・科学が社会に浸透し、いまや「神仏儒習合」の世界観が全面的に崩壊しつつあり（「神・仏・天・祖霊の死」）、遅れて本格的なニヒリズムが社会を脅かしつつあるのだと解釈できる。今、日本人全体が陥っている心の荒廃は、そういうニヒリズムの問題なのだと思う。

## 3 「理想」の死

しかし、「こんなふうになってしまう」までにはもう一つ段階があった。戦後、特に一九七〇年頃までは、多くの人が科学や民主主義による「人類の進歩」や「人権の解放」を信じていた。神仏は死んでも、「人類」とその「進歩」という「理想」を信じられれば、まだニヒリズムには到らない。

ところが、七〇年前後以降、「理想」も瀕死状態にあるのではないか。それは一つには、六〇年代末の学生闘争の終結の仕方に大きな原因があると思う。彼らの運動を全面的に肯定するつもりはないが、それが「世の中をよくしたい」という情熱に突き動かされた「真面目な」運動であったことだけは確かだ。つまり「理想」の追求が根本的な動機だったのである。

ところが運動は、最も象徴的には東大安田講堂への機動隊の導入などの外部の力で鎮圧され、内部的にも中核―革マルの内ゲバや連合赤軍の浅間山荘事件などに見られる対立―荒廃現象が起こり、大衆的な支持を失う。それは後の世代に、「世の中をよくしようという理想など抱いたって、権力に鎮圧されておしまいだし、そうでなくても内部対立でこわいことが起こるだけで、理想の実現なんかできないんだ」といった強烈な印象を与えた。

そして以後の経済的繁栄とあいまって、「世の中をよくしようなんてめんどうな理想を持たなくても、みんなでもうけて、パイを分けあって、楽しく生きていけばいいんだ」といった、軽薄、ネアカ、ルンルン……の風潮が、社会の、特に若い世代の気分の主流になった。その中では、真剣に考えようとすると、「ネクラ」と非難され、「マジになるなよダサイぜ」と冷やかされた。ここで起こったのは、若い世代の心の中での「理想の死」である。情熱を注ぐべき「理想」がなければ、「シラケル」のは当然だ。

「神・仏・天・祖霊」に加えて、それに代わる「理想」まで死んだのだから、生きていることの意味や正しく生きることの根拠も見失われ、もうニヒリズムが氾濫・浸透することをとどめるものはない。「こんなふうになってしまった」のは、ある意味で当然だろう。

## 伝統と近代を含んで超えるコスモロジー

いったん理性や科学が神話よりも妥当性がありそうだと知ってしまった人間は、神話的宗教にもどるわけにはいかない。ましてどんなに安定していたといっても、個人の自由を捨てて、封建的な身分秩序にもどる気になれるはずもない。では、「理想」が再生できるかというと、それもきわめて困難だろう。近代ヒューマニズムは物質科学主義とセットであり、科学主義の見方では人間もモノだから、人類もまたモノであり、究極の根拠にはならない。神に代えて人類を神にしようとしても、それは本質的に無理な相談なのだ。また歴史的に言っても、理想に燃えて行なわれたはずの変革・革命が、独善性や権力欲といった人間性の問題によって繰り返し歪んでしまったという事実を、私たちはもういやというほど目撃してしまった。人類の進歩への単純な信頼は、もはや成り立たない。

もし、宇宙はばらばらのモノの集まりであり、人間もモノにすぎないというのが本当なら、ニヒリズム―エゴイズム―快楽主義か、さもなければつきつめて絶望―自殺に到るか、選択肢は二つしかない。それが本当に本当なら、それはしかたないことだ。

しかし私の見るところ、幸いなことに本当はそうではない。ばらばらの死んだ物質だけでできている宇宙とは、物質還元主義科学の生み出した抽象的な「宇宙像」にすぎない。観察する主体と観察される対象・客体が分離しており、さらに、その対象も部分部分に分離できるという仮定の上に作られた抽象的な理論・像なのだ。一定の有効性を持っていたため、これまであたかも究極の真実のように錯覚されてきたが、それは現実の具体的な宇宙ではない。

私たちは、「宇宙」という言葉を聞くとすぐ、自分の向こうに広がっている、暗黒の空間に無数の星が輝いている学習図鑑の写真のようなものをイメージする。しかし本当にあれが全宇宙なのだろうか。

「向こうにある、あれ」は、量的には圧倒的に大きい宇宙の部分ではあるが、決して全体ではない。言葉の定義上も事実としても、宇宙は、この私を含んで初めて本当の全宇宙である。そしてこの私は現に生きており、心がある。それは、抽象的・理論的には物質の働きにかなり還元できそうに見えるが（そういう還元主義は生物学の領域でも克服されつつある）、具体的にはただの死んだモノではなく、ありありと命であり心である。つまり、本当の全宇宙には私やその他の生物の命があり、私やその他の人々の心が含まれている。だから、宇宙には命があり、心があるというほかない。物質だけではなく、命を生み出し、心を――そしておそらくまちがいなく魂をも――生み出してきたのが、現実のこの宇宙なのだ。

そして特に重要なのは、私もあなたも誰もが、この宇宙の一部であり、宇宙と分離などしていないということである。もちろん区分はあり、できる。私はあなたではないし、石でもイヌでもない。しかし、すべては同じ宇宙に含まれた宇宙の部分なのだ。宇宙の外にばらばらにあったものが、たまたまこの宇宙に集まったのではない。もともと同じ一つの宇宙が、石、イヌ、人間というかたちで現われているというべきではないだろうか。

科学の仮説を借りてみよう。「ビッグ・バン」仮説によれば、宇宙は百五十億年ほど前、一つのきわめて凝縮されたエネルギーの小さな球だったという。もしそうだとすると、それ以前にはばらばらのモノはなく、すべてが一つだったことになる。それが爆発的に拡大しはじめたのが宇宙の始まりだという。さてここからが問題だが、ビッグ・バンで激しく拡大しはじめた、その時、宇宙は分離して一つではなくなったのだろうか。それは依然として一つのままなのではないか。宇宙に働く四つの力、特に引力によって、たえずつながった一つの宇宙として拡大してきたのではないだろうか。拡散が不均衡だったために、様々な物質の集まりに不均衡が生じ、星雲も星もこの銀河系宇宙も太陽系も、私たちの地球もでき、それぞれに区分できるかたちになったのだが、その間ずっと一度も分離したことなどないのではないか（ブライアン・スイム『宇宙はグリーンドラゴン』TBSブリタニカ、参照）。

本当の宇宙は、私と分離していない、私を含んでいる、私の命と心と魂を含んでいる。近代科学も、その影響をあまりに強く受けた現代人の感覚も、宇宙と私を分離したものだと思い込んでいるが、宇宙と私はつながって一つなのだ。

そのことにしっかりと気づいた思想を、ケン・ウィルバーの提案を受けて、大文字で始まる「コスモロジー（Kosmology）（『進化の構造』参照）と呼ぶが、そういうコスモロジーこそ、これからの日本人と世界の人々すべてにとって、ニヒリズムを克服し、心を支える依りどころになるのではないか、と考えている（P・B・バーガー『聖なる天蓋』薗田稔訳、新曜社、参照）。

## 日本の精神的伝統はコスモロジーの原型

振り返ってみると、日本には非常に幸いなことに、そういうコスモロジーの原型とも言うべき仏教―唯識の英知が、精神的な伝統・遺産としてしっかり遺されていた。仏教―唯識は、エゴイズム―ニヒリズム―快楽主義が、どういう意味で錯覚なのか、どうすればそれを克服できるか、きわめて明快な筋道を示している。簡単に述べておこう。

まずエゴイズムだが、これは私が私だけで私だけのために存在している実体だという、分別知の錯覚から生まれている。しかし事実は、私はもともと他のすべての存在と果てしなくつながった一つのものとして、ある一定期間、私というかたちを取るのだ。それに深く気づく＝覚ると、エゴイズムは理屈としても気持ちとしても成り立ちようがない。

ニヒリズムは、すべてがばらばらのモノだという錯覚から生まれている。しかし宇宙は、命と心と魂を生み出し、含んでいる。ただのモノではない。確かに物質はベースだが、それにとどまらず、進化のプロセスで、生命を生み出し、心を生み出し、魂を生み出し、それによって意味を生み出し続けているのが、リアルなこの全宇宙である。

私たちは、全宇宙の働きの一部であり、私たちの生死を通して宇宙の意味が生成し発展していく。宇宙の進化には方向・道・法があり、その中で私はどういう役割を果たすべきか、いわば「天命」を自覚し追求する中で、生と死の意味が生まれてくると言ってもいいだろう。人生で追求すべきなのは快楽ではない。快楽主義もまた錯覚の産物である。

日本の精神的伝統としての「神仏儒習合」は、そうしたきわめて普遍・妥当性のある仏教―唯識を核とし、しかも在来の神道を廃止せず、日常の倫理として儒教も併用し、それらを含んで超える総合的な思想だった。そこに一貫するのは、「つながり」の感覚だといっていいと思う。すべてのものはばらばらに分離して存在するのではなく、もともと一つのものが仮に分かれて、それぞれとして存在している。だから、すべては「ご縁のもの」であり、それを実感したら、つながり・ご縁を大切にして、「和を以て貴しとなす」（十七条憲法の第一）ということにならざるを得ない。そしてそれこそ、すでに飛鳥時代に聖徳太子がはっきりと決めておいてくれた、日本の「国のかたち」だったのではないか。

## コスモロジーの回復・創出に向けて

現象だけを見れば、今、日本人は、そうした伝統を見失い、ニヒリズム―エゴイズム―快楽主義に冒されて、「国のかたち」、すなわち民族としての「存在理由《レゾン・デートル》」を失い、腐敗―壊滅していく危機にあることも確かだ（トランスパーソナル・ホリスティックの停滞もその一現象と見ることができる）。

しかし一方、私たちは、千数百年の伝統的コスモロジーの意味を再発見―回復し、それを含んで超える新しいコスモロジーを創出することによって、しっかりした生き方の依りどころを確立できる好機にあるとも言える。しかもそうしたコスモロジーは、ただ日本人だけでなく、世界に通用する普遍性を持っている。神仏儒の再発見とコスモロジーの創出は、日本人のうぬぼれでも自己欺瞞でもない本当のアイデンティティー―プライドの確立につながり、かつ日本が世界文明史に初めて本格的貢献をすることにもつながるだろう。

そういうわけで、私は、コスモロジーの回復・創出に向けて全面的な活動を展開するために、あえて独立した。そして、今いろいろな領域に現われつつあるコスモロジー的な思想・学問の現段階の成果を、できるだけ多くの方と分かち合う学びの場として、この九八年十月から、「サングラハ心理学研究所・オープン・カレッジ」を開始している。アドラー心理学の組織であるヒューマン・ギルドとタイアップし、日本トランスパーソナル学会、日本ホリスティック医学協会、日本ホリスティック教育協会の関係者の方々からも強力な支援をいただいている。

私は、これを出発点として、いっそう多くの方の支持が得られたならば、さらに、コスモロジー的なヴィジョンを持って未来を拓くリーダーの育成機関として、新しい総合学園をも創設したいという大きな夢を抱いている。

# 少女売春と殺人――なぜいけないのか

## なぜ、殺してはいけないの

去年（一九九八年）の春、河出書房新社の女性編集者から、『文藝』夏号の緊急アンケートの原稿依頼を受けました。質問は、「十四歳の中学生に『なぜ人を殺してはいけないの？』ときかれたら、あなたは何と答えますか」というものでした。

「なぜ人を殺してはいけないの？」というのは、神戸の少年殺人事件に関して討議するあるテレビ番組で実際に中学生が発言したもののようで、その場にいあわせた大人たちは、絶句してしまったと聞いています。現代の日本では、子どもたちが善悪の根拠がわからなくなっているだけではなく、大人もはっきりとした言葉で、子どもに善悪の根拠を語ってあげることができなくなっているということを示す、象徴的な出来事だったようです（私はその番組を見ていませんが）。

それは、『文藝』に掲載された七十人ほどの回答を見ても感じられることで、失礼ながら、本当に深い根拠から語られている文章はほとんど見あたりませんでした。かろうじて、精神科医の中井久夫先生の「それは一つの宇宙を破壊することだからである」という一言だけのコメントが光っているといえば光っており、おそらく私の言いたいことに近いのではないかと感じましたが、短すぎました。

私も、与えられた字数が少なすぎて意を尽くせませんでしたが、以下のように答えました。

こうした問いに、直接すぐ効き目のある唯一の正解があるとは思えない。思春期の子どもが問う動機は、単純な疑問よりむしろ大人への不信、反発、挑戦の表現、自分自身の頼りなさ、空しさ、いらだちの訴え等、さまざまで、しかもそれらが複雑に絡み合っていることが多い。だから、あせって問いの表面に直接答えようとするのではなく、心の奥の声をよく聴き取ることがまず必須だ。話をよく聴き、十分にコミュニケーションできたら（でないと何をいっても意味がない）、「聞いてくれる気がある？　僕はこう思うんだけど」と前置きして、「僕らが石ころでもアメーバでもサルでもなく、ヒトだってことは、自分で決めたことじゃないよね。で、ヒトじゃない自分って、空想はできるけど、今・ここの現実ではない。つまり僕らは、自分ではない何かによって、ヒトとしての自分になっている。それは僕だけではない。みんな同じ何かの力――一応宇宙といおう――のお蔭で、ただの物ではなく、ヒトとしての命と心をもらっている。いつか返さなければならないから、預かっているといってもいい。だから誰も自分の命や心を勝手に使うわけにはいかない。預けてくれた何か大きなものには法則というか道というか意思というか、預けた条件があって、それに反しない範囲で使っていい、使わなければならないんじゃないだろうか。だから、自分も含めてヒトを殺してはいけないんだと思うけど、きみはどう思う?」と問う。そして聞く気と話す時間が合った時、さらに、ただの物の寄せ集めではなく、生命と心を生み出している、この不思議で素晴らしいKosmosについて、科学を含んで超える新しいコスモロジーの話をじっくりとしていく。

これも短すぎて、『文藝』の読者には何のことだかわからなかったのか、ほとんど反響はありませんでした。ただ、原稿依頼をしてくれた編集者の方と会った時、コスモロジーから倫理の再確立が可能だという話を、そうとう長時間にわたってしたところ、「この十年あまりでこんなにすごい話を聞いたのは初めてです」と感激していただきました。

本稿では、その話を、特に「援助交際」という名前で印象がごまかされている「少女売春」についてしてみたいと思います。

それにつけても、現代日本の精神性・倫理性の崩壊はきわめて深刻であるようです。この原稿の下書きメモを始めてからも、男子中学生が特に関係があったわけでもない女子中学生をナイフで刺した事件、同じく中学生が遊ぶお金欲しさに老人を刺し殺した事件、そして少年人口(十四歳〜十八歳)は昨年より約二十万人減っているにもかかわらず、逮捕・補導された刑法犯少年は八年ぶりに十四万人を超えたという警察庁の「犯罪情勢」などのニュースがあいついでいます。現象だけを見ていると、本当に心が真っ暗になりそうです。

ここで、心ある人間が精神性・倫理性の立て直しに力を注がなければ、このままでは日本社会は本当に退廃―混乱―崩壊の一途をたどることになってしまうでしょう。そこで、私は、現代日本の言論界にはびこっている斜に構えたインテリやくざというかやくざインテリたちからは、「アタマが固くて悪い道学者先生」と揶揄《やゆ》されるか無視されることは覚悟の上で、発言を始めることにしました。

二月十一日、日本教育会館でのシンポジウムは、そうした公的発言の一環です。その趣意書では、以下のように書きました。

戦後五十年あまりを経て、いま、日本人は価値観の多様化・相対化現象にさらされ、社会全体が大きなゆらぎの時機にあると思われます。毎日のように報道される、汚職、背任、凶悪な犯罪、非行等々の事件は、大人から子どもまで日本人全体の精神性・倫理性が崩壊寸前の状態にあることの現われなのではないでしょうか。

援助交際＝少女売春も、それだけで起こっていることではなく、日本人の倫理性の崩壊を示す一つの典型的な現象だと考えられます。これはスキャンダラスな話題としてはすでに下火になりつつあるのかもしれませんが、関係者にとって依然として困難で心痛む未解決の問題です。

もちろんいつの時代にも犯罪や社会問題はあり、現代だけが特殊ではないともいえます。しかし最近、善悪の基準や境い目が見失われ、やった当人にも罪の意識のない犯罪・非行が急増しており、これは、やはりこれまでにない深刻な事態と捉えるべきでしょう。

そうした状況の中で、多くの心ある方々の「なぜ、こんなふうになってしまったのか」「これからどうすればいいのか」という深いとまどいと悲しみ・怒りの声をしばしば耳にします。私たち自身もその思いを共有しながら、そのことについて探究をしてきました。そしていま、いくつかの流れの大筋での合意点から、社会全体にも広く共有できる妥当性・有効性のある提案ができるところに到達したのではないかと考えています。

大人が、何を根拠に、どう対応すれば、子どもの心深く、人生には「自分の勝手」ではない、していいことと悪いことの明快な区別があることを伝え、倫理性を育てることができるのでしょうか。要点をいえば、人と人、人と共同体、人と自然・全宇宙との「つながり感覚」(これはもともと日本の精神的伝統の中にあったものです)の心の奥底からの再構築、「生きる意味」のコスモロジー(全宇宙論)的な再発見、よく(すなわち正しくかつ幸福に)生きることへの「勇気づけ」というところに、現代人の心の荒廃を癒す道があると私たちは考えています。別の言葉でいえば、ニヒリズムの克服=倫理の再確立といってもいいでしょう。そして、そのための基本的な原理と、それだけでなく具体的でそうとうな有効性を持った方法をも提案できると考えています。

しかしもちろん、私たちは自分たちの提案が唯一とも完全とも考えていません。そこで、すでに大筋では合意をしているシンポジストたちに加え、生産的な批判をしていただくことが期待できるシンポジストも迎えて、それぞれの発題講演をもとに、合意点や対立点を確認しながら、さらに真剣で実り豊かな討議をしていきたいと考えています。

ぜひ、集いにご参加いただき、ご一緒に考えて下さい。

## なぜ善悪がわからなくなったのか

さて、まずなぜ現代日本人は大人から子どもまで善悪の区別がわからない人間が増えてしまったのでしょうか。このことについては、私の推測・仮説は繰り返しお話ししてきましたが、重要なので要点だけ繰り返しておきましょう。

私の考えでは、近代西欧に始まるものの考え方がいきすぎると、必ず精神性・倫理性が崩壊するのです。日本も、明治の文明開化つまり西欧近代の模倣、敗戦後のいっそうの近代化・アメリカ化というプロセスを経て、近代的なものの見方が蔓延し、その結果、いま見られるような精神の退廃状況が生まれているのだと考えられます。

あくまでもわかりやすくするためにやや単純化していうのですが、西欧近代のものの考え方の基本は、特にマイナスをもたらした面でいうと、すべてのものを物質に還元して捉えようとする科学主義と、個人の自由や権利をもっとも重要だと考える民主主義、というより個人主義です。

かつて日本人は、個人の自由や権利という価値観はほとんど持っておらず、人との関係や、家やご先祖さまや村や国などが価値の――ということは倫理のでもある――根拠でした。そして人生は、個人が幸福になるためや好きなように生きるためにあるのではありませんでした。人間は、神・仏・天地自然・祖霊など、自分を超えた存在を崇めながら（これを私は「神仏儒習合」と呼んでいます）、家や村や国のために尽くすべきもので、それこそ正しい生き方だったのです。そして、そういう正しい生き方をした人間が、目的ではなく結果として幸せになったり、極楽に行ったり、ご先祖さまとしていつまでも子孫から愛され敬われ続けることができたのです。そういう世界では、善悪は非常にはっきりしていました。

もちろん、そういう時代の日本社会は、確かに「封建的」と批判・否定されざるをえない面、人間性を抑圧しているというほかない面が強くあったと思われます。それどころか、いまでも、社会の要所要所にそういう問題が残っています。ですから、私は「昔はよかった」といいたいわけではありません。それどころか、プラス面での近代化は、これからもますます進めるべきだし、進めていきたいと思っています。

しかし、かつての日本のそういう価値観は、社会をかなり倫理的で安定したものにしていたという面もまちがいなくあると思われます。

ところが、第二次世界大戦の敗戦によって、日本はアメリカ軍に占領され、伝統的な価値観を意図的に根こそぎにされてしまいました。報道機関でも学校でも、伝統的な精神性・倫理性の意味を再評価するような情報は一切禁止されてしまったのです。「大和魂」を骨抜きにし、徹底的にアメリカナイズしようというアメリカの意図はまさに徹底的に実行されました。

その結果、マスコミでも学校でも、神・仏・天地自然・祖霊などの価値はまったく語られたり教えられたりしなくなったのです。つまり、価値や倫理の基準となるべき「自分を超えた大いなる何ものか」あるいは「絶対者」といったことが、子どもに伝えられる機会がなくなったのです（家に信心深いお年寄りや、特定の宗教を信じている親がいる場合以外は）。

教えられていないことは、子どもは学びません。子どもたちは、学校とマスコミに教わったとおり、神・仏・天地自然・祖霊などは古くさい迷信や神話であって、すべては科学主義——科学ではない——で説明できるようなモノであり、家や村や国に尽くすのは封建的で意味のないことであり、個人の自由こそ一番大事なものであり、それは個々人の権利なのだと信じるようになったわけです。

しかし科学主義の教えるとおり「すべてはモノにすぎない」のなら、石ころも犬ころも人間も同じくモノにすぎません。無機物も命も結局は同じモノです。そこに、絶対の価値の違いがあるとは考えられません。こういうものの見方から、「どうして人を殺してはいけないのかわからない」という発言までは、ほんの一歩です。

そして、それに加えて個人の自由——身勝手と取り違えられた自由ですが——が一番大事なのですから、自分も殺されたくないから人も殺さないようにしておくとか、殺そうとすると自分も殺される危険があるからやめておくとか、殺すと自分が社会的制裁を受けるから殺さないといった、自分の都合しか根拠になりません。殺しても、バレないで、自分が制裁を受けなければいいとか、バレて制裁を受けても、自分も殺されてもかまわないと思った人間をとめるものはないことになります。実際、そう思って実行しているという事件が、すでにいくつも起こっているのではないでしょうか。

すべてはモノにすぎないのなら、すべては価値も意味もない。意味も価値もないものに、善悪の区別があるわけはない。そして、意味も価値も倫理も成り立たない世界に、私・エゴだけは生きていて、それが一番大事だとなると、あとはなるべく自分の好きなように、好き勝手に、自分の幸福や楽しみや快楽を求めて生きるしかない。それも意味ないのだけれど……ということになります。近代の科学主義と個人主義がいきすぎると、必ずニヒリズム―エゴイズム―快楽主義がセットになったものの見方に陥るのです。

しかし、多くの大人は、そういう問題ははっきりかぼんやりか気づいていながら、科学主義と個人主義のものの見方――あえて錯覚といっておきますが――を子どもと共有しているので、「何が悪いのか、どうしていけないのか、わからない」とか「私の自由＝勝手でしょ」といわれると、内心、「つきつめると、そうかもしれない」と思って、絶句してしまうのではないでしょうか。

そしてもし、本当に「すべてはモノにすぎず」、「個人の自由が一番大切であり権利である」のなら、それはしかたのないことです。神も仏もいない、意味のない世界では、好き勝手に、むちゃくちゃな、でもやっぱり意味のない人生をやりすごすか、それも空しいので早めに自殺するかしかないでしょう。

殺人という極端な話なら、それでも多くの大人が「やっぱりいけないものはいけないんだ」とか、「とにかく命は尊いのだ」とかいうでしょう。ニヒリズムに陥った子どもにはまず通じないと思いますが。

しかし、「私が私の体をどうしようと、私の自由（勝手）でしょ」といわれると、もっと答えに窮するのではないでしょうか。これも「いけないものはいけないんだ」とか「自分をもっと大事にしなさい」といった言葉では、心の奥にまったく届かないと思われます。

「なぜいけないのか、わからせてほしい」という子どもがしばしばいるようです。これも、ただの反発のセリフとしていっている場合は、たとえ「なぜいけないか」を話しても『聞く耳持たず』ですが、もし少しでも心を開いており、真剣に大人に問いかけている場合、どう話せばいいのでしょうか。なぜかを大人がしっかりとつかんでいなければ、答えられません。つまり指導は困難です。もちろん、気持ちが通じて、理屈ではなく、「いけないものはいけないんだ」と感じてくれることもあるでしょうが、それはあまり頻繁に起こるケースではないのではないかと、私は推測しています（データは持っていませんが）。

## 「私の勝手」ではないものがある

しかし、幸いなことに理論のレベルでいっても、近代の科学主義と個人主義のものの見方は、一面の正しさを持っていたとはいえ、最後のところは錯覚であるようです。「すべてはモノにすぎない」のでも、「すべてには意味も善悪もない」のでも、「自分の好き勝手に生きるしかない」のでもないようです。ですから、理屈の面でも納得させてほしいと本気で思う子には深く納得させてあげることができるのです。

その理屈・原理を、以下できるだけわかりやすくお話ししていきたいと思います。

まず何よりも重要だと思うのは、私たちの命は与えられたものであって、自分で自分を生んだ人間は一人もいないという事実です。これは、誰かの主観や特定の主義主張ではありません。誰でも認められる事実ではないでしょうか。

自分が生まれたものだということは、人生の出発は自由でも私の勝手でもないということです。「命」という漢字がそれをよく現わしていると思いますが、命には命令された、強制されたという本質があるのです。子どもが「頼んで生んでもらった憶えはない」というとおりです。

しかし、子どもだけではなく大人も、誰も例外なく「頼んで生んでもらった憶えはない」のです。しかも、ただ頼まなかっただけではなく、何の貢献も業績も支払いもした憶えがないのに、命を与えられたのです。命は、無条件に与えられた贈り物という面もあるのです。そして強制とところが贈り物とところうが、ともかく人生の原点は自由ではありません。命の原点は自由ではないということの事実が決定的に重要です。ところが、たぶん大人の多くも、そのことを忘れているのではないでしょうか。

私たちは生まれたのですが、誰から生まれたのでしょう。いうまでもなく両親からです。そして両親はそのまた両親から生まれたのです。そしてそのそれぞれの両親は、そのまた両親から……。これは、計算してみると十代遡ると一〇二四人、二十代遡ると一〇四万八五七六人のご先祖さまがいるということで、この中の誰一人欠けても私はいなかったというのは、事実です。しかも、これは二十代で終わるわけではなく、さらに続いていくのです。親だけでなく、こうしたご先祖さまも、私たちは自由に選ぶことはできません。

さらにもう少し考えておきましょう。私たちは、生きているわけですが、自分の自由で、生きようと思っているからというだけで生きているわけではありません。生きるためには、たとえば酸素を吸収し、二酸化炭素を吐き出さなければなりません。息をするかどうかに関して、私たちには自由はないのです。もちろん、首をくくって自殺することはできるわけですが。生きるのなら、息をすることは選択の余地のない、やらないではいられない条件です。これは、いろいろなことを選択して生きていくための選択できない基礎なのです。

そういうことに関しては――水を飲むこと、食べ物を食べること、したがって、空気と水と食べ物になってくれる植物や動物と関わっていること、植物や動物が生きることを可能にしている地球と関わっていること、すべての生命のエネルギーの源になっている太陽と関わっていること……などなどについては、私たちには自分勝手にしていいという意味での自由はないのです。そして、そんな自由は必要ないのです。自分勝手にできないものが山ほど与えられているから、生きられる、つまり自分が自分でいられるのです。

もう少し見ておきましょう。私たち人間は、言葉を使う動物です。使わないと、人間らしく生きていくことができないのです。その場合、言葉を使うか使わないかについても、私たちには選択の自由はありません。また、言葉はいまのところ、必ず何語かですから、何語も使わないで、何人でもなく生きることもできません。読者の多くは、日本語を使い、日本人として生きているわけです。これもまた、生まれつき選択できることではありません。もちろん、後で外国語を習ったり、国籍変更したりすることは可能ですが。

そして日本語の「私」や「ぼく」や「おれ」などの単語を使って、自分を自覚します。「自分」ももちろん日本語ですね。「おれはおれだ」と思い、いうのも、日本語なしにはできないのです。たとえば他の外国語で、それに近い意味のことをいうことはできますが、何語も使わないで、自分を表現し、自覚することは、誰にもできません。

これは、読んでおられる読者の多くの方も、「そんなこと、当たり前だ」と思われるかもしれませんが、ふだん自覚していないことなのではないでしょうか。

こうした、私たちの自由にならない基本的な条件が、自由に生きることの基盤になっています。つまり、自由でないことは、自由を保証してくれるものであって、自由を侵害するものではないという事実が、人生の原点にはあるのではないでしょうか。人生には「私の勝手」にならない、できない、しなくていいことがある。まずそのことに、大人自身が深く気づくことがスタートだと思います。

## つながりという事実

生きていたいのなら、私たちには水を飲まない自由・権利などない。それは、縛られていることでも、権利を侵害されていることでもありません。私たちの命の営みそのものが、水とのつながりなしには不可能なのです。

私は講演で、用意していただいたコップの水を飲みながら、よくこんなことをいいます。「私はいまから水を飲みますが、この水は私でしょうか」と。すると、慣れておられない聴衆は変な顔をします。「まあ、私ではないというべきでしょうね」、「でも、これから飲むと私の体の中に入ります。入った後、どうなるんでしょう」、「体の水分になる」、「そうです。私の体の水分になるわけですが、私の体の水分は私でしょうか、私じゃないんでしょうか……まあ、私というか私の一部ということになるでしょうね」と。

続いて、「つまり、水は私ではなかったんですが、飲むと私の一部になる。一部どころか、人間の体の七〇パーセント近くが水分だそうですから、私の体の大部分であるということになりますね。ところが、水がいつまでも私の体の中にあって外に出ていかないと、私は水ぶくれや尿毒症になって死んでしまうわけです」。

水と私の関係は、私ではなかった水が私の一部になり、私の一部だった水がやがて尿や汗や唾液や涙になって出ていき、私ではなくなるというものです。つまり、私は水とのつながり・関わりの中で生きていることができるわけです。

わかりやすい水を例にとりましたが、こうした生きることの欠かせない条件になっている「つながり」は、よく気づくと無数にあります。ていねいに見ていくと、いくら時間があっても足りないのです。

子どもが納得しやすいのは、まず物質レベルでしょう。空気、水、食べ物、食べ物になる植物や動物、それらを支え育む大地＝地球、すべての生命のエネルギーを恵む太陽、そして太陽と地球とその他の惑星からなる太陽系、太陽系のような星のまとまりを無数に含む銀河、銀河のような星雲を無数に含む大宇宙……。よく考えれば、それらのすべてとのつながりの中で、いま・ここで私が生きることができているわけです。私だけで、私の勝手に生きられる「私」など、どこにも存在しない錯覚なのです。

そして、生命レベルでいえば、現代の生物学の定説に近い説のようですが、すべての生命のDNAをいわば系図のように調べていくと、どうも三十五億年くらい前に地球上に発生した一つの生命がすべての生命の祖先であるようです。つまり、すべての生命はつながっているわけですね。すべての生命は、一つの共通の祖先から、驚くほど多様に展開・進化してきたもののようです。そして、そういう三十五億年の生命のつながりの中で、私が生まれているのです。これは、それだけでも感動的なことではないでしょうか。

さらにそうした多様な命の進化の歴史の中で、ある説によれば七百万年前アフリカで高等な霊長類の中から私たち人類の祖先が生まれたようです。人類の祖先は他の動物と比べて、体が特に大きいわけでもなく、鋭い牙があるわけでもなく、足がすばらしく早いわけでもありませんでしたが、それでも生き延び、いまやそれどころか他の種に見られないほど地球上のすべての土地に繁殖しています。それができたのは、なぜでしょうか。言葉と道具を使うことのできる知能があったということももちろんですが、さらに何よりもお互いがしっかりとつながって群・社会を作り、力を合わせたからでしょう。つながりと協力が、人間の強さの秘密だったのです。

こうした様々な「つながり」を忘れていることが、現代の精神性・倫理性の崩壊のいちばん深い原因なのではないか、と私は考えています。

アドラー心理学では、人間が犯罪や非行に走るのは、他者と協力することによって、よく――自信を持って、幸福に、そして正しく――生きることへの勇気をくじかれているからだと考えています。「共同体感覚」が育っていないために、自分にとっても他者にとっても不毛なライフスタイルを形成してしまっているということです。

フランクル心理学的な洞察をつけ加えれば、そうした「つながり」を忘れた人間は、いうまでもなく生きる意味を見失ってしまいます。生きるということ自体、つながりの中で可能になることですから、よいつながりを創り出していくことなしには、よく生きることができず、よく生きていないと、生きる意味がないように感じられてくるのです。

フランクルは、生きる意味が実感できる、価値実現の三つの典型的なケースをあげています。創造価値というのは、この世界に私しか創れない新しいものをもたらすことですが、それは世界と私の創造的なつながりということでもあります。体験価値というのは、この世界のすばらしさを私が感受することですが、それは世界と私のまさに「つながり」体験です。そして態度価値というのは、私が与えられた状況に対してどんな態度をとるかということですが、態度というのもまた他者や世界へのつながりのあり方のことです。つまり、人生の意味は、肯定的なつながりが自覚される時や、新たに創り出される時に感じられるものなのです。

さらに唯識心理学から見ると、犯罪や非行に走る人は、そもそも人と人、人と社会、人と自然・全宇宙とのつながり、過去・現在・未来という時のつながりを自覚していないのです。つながりが見えなくなった時、すべては意味のないばらばらのモノであり、つながりと関係のない自分がいるかのように錯覚され、つながりを無視し壊すような行動をしてもかまわないように思えてくるのです。

あらゆる犯罪や非行の背後にあるのは、自分以外のものとのいいつながりの中でこそ、よく――力強く、幸福に、意味深く、かつ正しく――生きることができるのであり、私もそうすることができる、という自覚と自信の欠如ではないかと思われます。

## つながって一つの宇宙—古くて新しいコスモロジー—

なぜ、現代人、特に現代の子どもたちが、そうした自覚と自信を失ってしまったのかについては、いろいろな原因が考えられるでしょう。決して、一つの原因だけで起こっている現象ではないと思います。

しかし、中でも基本的に重要なのが、先にもお話しした、近代の世界観・人生観の問題です。それは、やや角度を変えて繰り返すと、「宇宙にあるすべては個々ばらばらのモノの組み合わせ・寄せ集めでできており、分析・分解すれば、もとのばらばらのモノにすぎない」という世界観と、「人間も個々ばらばらの人間が集まって社会を作っているので、最後は個人しかいない、個人がいちばん大事だ」という人生観です。

これは、みごとなほどいまお話しした「つながり感覚」と反対の感覚です。「ばらばら感覚」というか「分離感覚」というか、ともかくつながりが完全に見落とされています。わかりやすくするために、こういう世界観・人生観を「ばらばらコスモロジー」と呼んでおきましょう。こういうばらばらコスモロジーでは、生きることの意味も倫理もみんな見失われてしまいます。

それは、よく考えるとバカげたコスモロジーなのですが、近代の科学・技術の領域で一定の成果を収めてきたものですから、あたかも唯一絶対の真理であるかのように錯覚されてきたのです。例えば、小学生の頃、理科の時間にカエルをばらばらに解剖したことがあると思いますが、そうすると確かにカエルの器官や筋肉がどうなっているかといったことはよく分かるのです。でも、カエルは死んでしまっているので、それは生き物としてのカエルのことがよくわかったわけではないのです。ところが、これまでの科学ではしばしばそれですべてがわかったことにしてしまっていたのです。

しかし、大好きな恋人を殺して体を解剖・分析してみても、なぜ生きた彼女または彼がそんなにも私にとって魅力的だったのかは決してわかりません。魅力は、生きている恋人と私のつながり・関係の中で、しかも心の中に生まれているものなのですから。

確かに物理的な体はありますが、それだけでなくそれが生きた体であり、しかも心と一つであり、そしてその体と心を持った人と私の関わり・つながりがあるから、恋が生まれ、喜びが生まれ、恋人と一緒の人生に意味があると感じられるのです。

すべてをばらばらな物質のレベルに落として見るのを「ばらばらコスモロジー」と呼びましたから、そうした物質レベル、生命レベル、精神レベルを一つのつながり・まとまった存在として見るものの見方は「つながりコスモロジー」と呼んでおきましょう。

この「つながりコスモロジー」は、現代の最新の科学の成果を十分に含んだもので、非科学的な、悪い意味での精神論ではありません。

現代科学の宇宙全体に関する標準的な仮説、「ビッグ・バン」仮説によれば、宇宙は百五十億年ほど前、一つのきわめて凝縮されたエネルギーの球だったといいます。だとすると、初めはすべてがばらばらではなく、一つだったわけですね。それが爆発的に拡大しはじめたのが宇宙の始まりだということになっています。そこで大切なことは、宇宙が拡大しはじめたということは、分離して一つではなくなったということだろうかということです。いくら拡大しても、それはやっぱり一つのままなのではないでしょうか。いくらふくらんで大きくなっても、一つの風船は一つのままであるように。

そしてビッグ・バンの後の拡散の仕方が不均衡だったために、様々な物質の集まりの濃度に不均衡ができ、星雲も星もこの銀河系宇宙も太陽系も、私たちの地球もでき、それぞれに区分できるかたちになってきたらしいのですが、区分できるようになったからといって、いつかどこかで分離したわけではないと思うのですが、どうでしょうか。

宇宙にはいままでのところ力として四つの力（重力、核力、電磁力、弱い力）だけが確認されているそうですが、宇宙はその四つの力、特に重力によって、たえず関係し、つながり、影響し合っている「一つの宇宙」のままで拡大してきたと考えられるのではないでしょうか（ちなみにビッグ・バン仮説は、ジョージ・ガモフが一九四七年に唱えはじめたものですが、その「つながりコスモロジー」としての意味は、ガモフ自身がきちんといっていないからなのか、いまだに多くの人に理解されていないようです）。

そして以後百五十億年の間、宇宙では、ただのばらばらのモノが何の秩序も方向性もなくでたらめに運動していたのではありません。宇宙は、星雲を生み出し、銀河系・太陽系・地球を生み出し、そこに多様な命を生み出し、多様な命の中に心と魂を持った存在・人間を生み出してきたのです。素粒子から原子、分子、高分子、細胞、器官……次々と、より複雑になり、そういう意味で高次な秩序を生み出し続けているのです。

つまり、宇宙はいま、事実として、命のないモノだけでできているのではありません。宇宙は私たちとつながっていますし、そもそも私たちは宇宙の一部で、宇宙は私たちを含んでいるわけですから、宇宙は私たちの命と心と魂を含んでいることになります。そういう意味で、現在の宇宙にはまぎれもなく命と心と魂があるというほかありません。ということは、宇宙は最初のビッグ・バンの時点ですでに、命と心と魂を生み出す潜在的可能性を持っていたということです。

結論的にいえば、全宇宙が一つにつながったままでありながらそれぞれに区別できるかたちを現わしているというのが、世界の本当のすがたであり、その宇宙とつながったその一部として私は生きているのではないでしょうか。それどころか、宇宙が物質から生命、生命から心というふうに複雑化・進化してきているとすれば、私たち人間という心を持った存在は、宇宙の自己進化の最先端にあるといってもいいのかもしれません。

近代科学主義の「ばらばらコスモロジー」にすっかり教育されたというか、冒されてしまった私たちは、宇宙と自分を分離したものと思い込んでいますが、実は宇宙と私たちはつながって一つなのですね。

そういう世界と自己の捉え方を、私は「つながり思考」、あるいはもっと実感的に「つながり感覚」、さらに宇宙全体についていう時は「つながりコスモロジー」と呼んでいますが、これは、とても現実的・合理的な考え方であって、非科学的なロマンチシズムなどではありません。

かつて日本人の精神性・倫理性を支えていたのも、そうした天地・自然＝宇宙や神仏や先祖や他者との深い「つながり感覚」「つながりコスモロジー」だったのであり、ただ迷信とか神話とかいって否定してしまうべきものではなかったのではないかと思います。

物自体が一つの宇宙の中でつながったものであり、そしてそれは生命のない物質にとどまっていないで、やがて生命に進化し、さらにその生命の中から心を持った存在が生み出されてきました。それが、「つながりコスモロジー」で見た、物―生命―人間というものの本質です。そうした、つながって一つの宇宙の中に人間の心が生まれ、だから意味が生まれたわけです。

モノに引き下げ・還元して見ると、人生には意味がないように見えますが、ありのままの命と心を生み出してきた宇宙の中では、意味も複雑で高次な現象としてたえず新しく生まれているのです。モノだけでできている、意味のない世界などというのは、きわめて還元主義的で抽象的な宇宙の像、つまり観念であり、そして究極のところ錯覚にすぎないのです。

私たち一人一人はもともとつながって一つの宇宙の一員であり、全生命系の一員であり、人類の一員なのですから、「私の勝手でしょ」などといってはいられないのです。つながりコスモロジーがしっかりと心に深く自覚されると、そういう宇宙の一員としてふさわしく生きるかどうかという倫理が、はっきり見えてくるのです。

宇宙の道を大事にすること、天命を大事にすること、それが本当の意味で自分の命を大事にすることなのです。それは、自分勝手に、売春をし、それで得たお金でファッションやグルメや遊びをやりまくるよりも、はるかにすてきなことではないでしょうか。自分の命には宇宙的な意味があると実感できるのですから。

## つながりコスモロジーと倫理―特に売春について―

現代の倫理の崩壊を根本のところから立て直すためには、もっとも基本になる世界観・コスモロジーからやり直さなければならないので、その部分が長くなりました。これで、ようやく善悪の基準がどこにあるのか、原則だけははっきりしてきたと思います。簡単にまとめれば、つながりを豊かにすることがいいことであり、つながりを無視したり、壊したりすることが悪いことであるといってもいいでしょうし、全宇宙の進化の方向に従うのが善、それるのが悪というふうにいってもいいでしょう。

といっても、物事をあまりに単純化して考えると間違いが起こります。全宇宙の進化の方向からそれるといっても、正反対に向かうのから、ほんの一、二度かそれ以下の角度にそれるのまで、いろいろな大きな違いがあります。白黒に譬えると、善悪の違いは白黒二色しかないのではなく、それを両端として限りなくグラデーションになっていると考えたほうがいいでしょう。

そういう比喩でいえば、殺人は真っ黒ですが、自分の意志でやっているつもりの少女売春は、殺人よりはグレーであり、強制された売春よりも薄いグレーであり、成人女性が貧困のためにではなく自分の意志でする売春は、もう少し薄いグレーだといっていいでしょう。しかし、どれであれ白とはいえないと私は考えています。

歴史学者によれば、売春は文明が始まって以来ずっと存在しているようです。それは、生物学的にいえば、ホモ・サピエンスという生物の種が、他の多くの種と異なり、ある年齢に達すると、恒常的に発情状態になるという特殊な生物であることから来る、必要悪といってもいいかもしれません。ホモ・サピエンスの大人のオスは慢性的な性的欲求不満を抱えているわけですし、メスはいつでも性交—妊娠が可能な状態にあるわけです。これは、考えようではそうとうやっかいな話です。

しかし生理的に恒常的な発情状態にあることを基礎として、人間は心理的にはエロス的存在となっています。つまり、男と女がお互いがお互いにとっていつも魅力を持った存在であり、たえず惹かれ合うわけです。これを社会経済的にいえば、男女がお互いにとって、存在するだけで快であり報酬である可能性を持ったということです。

特に、平均的には男のほうがより強く能動的な性欲を与えられているため、男にとっては女性のセックスが他のものと交換する価値のあるものとなっています。だからこそ、男が稼いで女と子どもを養う、家族という制度が成立することができたと考えられます。

人間の赤ん坊というのは、他の哺乳類に比べて、非常に未熟な状態で生まれてきて、長い間世話をすることが必要な、そういう意味ではやっかいな存在です。もし、男が女に妊娠させるだけで、女と子どものために食べ物を運ぶということがなかったら、つまり家族というシステムがなかったら、人類は滅んでいたかもしれないという人類学者も少なくないようです。そういう意味で、家族は人類のサヴァイバルにとって不可欠のものだったのです。別の言い方をすると、人間の命のつながりを断絶させないためには、男と女の協力が必要であり、エロス性はそういう協力の原動力、まさに動因（drive）となったのです。

しかし家族を養うことは男にとって負担ですから、セックスはするが、子どもや母親の扶養の責任は負いたくないという無責任な男も存在します。そこに、売春が成立するホモ・サピエンスの悲しい生理的条件があるといえるでしょう。

といっても、貨幣経済・商品経済と都市というものが生まれるまでは、本格的な売春は成り立たなかったでしょう。人類のある部分が貨幣経済の段階に入った時、売春の発生しうる生理的・心理的条件に加えて、社会的・経済的条件が調うわけです。長期にわたって養うのはいやだから、一時払いの代価を支払って、セックスを買うというわけです。

そういう意味で、いかに真面目な道徳家が怒ろうと、法で禁止しようと、売春はなくならないのです。多数の男性の傾向を見ていると、残念ながらとめてもとまらないだろうなと思ってしまいます。

しかし、とまらないから、しかたない、あるいはいい、ということではありません。売春はやはりよくない、できればやめたほうがいいという根拠は、確かにあるのです。

それは、人間が進化の歴史の中で心・意識というものを与えられた存在だという、もう一つの本質から出てきます。

人間は、ある程度の年齢になると、なぜかたいていの人が「自分は自分だ」というふうな自意識を持つようになっています。人間が自意識を持つということは、自分で選んだことではありません。気がつくと、なぜか自意識がある、というか自意識を与えられているわけです。つまり、自分が自分であるという意識は自分で選んだものではなく、人間の根底にある規定・定めなのです。宇宙進化が人間において自意識に達したという言い方をしてもいいでしょう。

そして「自分が自分である」という意識は、「自分は他のものではない」という意識、「自分は他によって代えることのできない独自なもの」つまり「自分はかけがえのない存在である」という意識を含んでいます。あるいは、より正確にいうと、「自分がかけがえのない存在でありたい」という強烈な願望が、自意識には必然的に伴っていると言い換えてもいいでしょう。

ところが、オオカミに育てられた子どもが自分をオオカミであると意識しているかのように行動するという報告や、光も音も匂いも味も寒暖の差もないような部屋に長時間入れられていると、精神的に錯乱するという感覚遮断実験からも知られるように、人間の自意識は自分だけで持つことはできません。他からの刺激やコミュニケーションがなければ、自分でありえないのです。他との関わり・つながりの中でだけ、自分は自分でありうるというのが、人間の意識の本質なのです。

そうだとすると、人間は他との関わり・つながりの中で、それによって自分がかけがえのない存在であることを意識したいという、根元的な実存的欲求を持っている存在だということになります。これは、特定の思想やイデオロギーではなく、誰でも承認できる人間の根元的事実であると思うのですが、どうでしょうか。少なくとも読者が、その点について同意してくださるならば、話は先に続きます。

もちろん、いま、ある状況の中で、「自分なんてどうでもいい存在だ」という気がしている方もあるでしょう。しかし、それはおそらく意識の浅いレベルでのあきらめや居直りの感情としては確かにそう思っていても、心の深いレベルで「自分なんてどうでもいい存在でいい」と思っているわけではないのです。「(本当はかけがえのない存在でありたいが、それは不可能だと思うから)、自分なんてどうでもいい(と思うしかない)」というのが、深い本音なのではないでしょうか。それは、私がこれまで直接、間接に係わってきた方たちすべてがそうだったと私には見えます。「自分がかけがえのない存在であることなどまったく不可能だ」という強い思い込みが「自分なんてどうでもいい、と思うしかない」という断定的なあきらめの結論をもたらしていることがありますが、誰もそれを望んでいるわけではありません。

人間の意識の本質がそうであり、さらに先にお話ししたように、男女がお互いにとって魅力ある存在であるという生理的条件があるので、特定の男女がお互いをかけがえのない存在だと思い合えれば、ちょうど都合がいいわけです。恋愛をし、結婚をし、家族を形成して、男女とその子どもがお互いをかけがえのない存在だと認め合うことは、人間の生理的欲求と心理的欲求を非常にうまく満たす方法だったといってもいいでしょう。

近代的恋愛が、近代的な自意識と並行して生まれてきたことは、ほぼまちがいないようです。つまり、一対の男女がお互いを「かけがえのない存在」と「思い合う」ことが、近代の恋愛の本質だったのではないでしょうか。もしそうだとすると、近代的恋愛はただ近代という時代にたまたま生まれた、歴史的・相対的な男女関係の形式というだけではなく、人間の生理と心理の本質に深くふれているといわざるをえません。自意識がある以上、かけがえのない自分になることも、かけがえのない存在になり合う恋愛も、いわばぜひ必要なことなのです。

近代の恋愛から結婚へという形式も、近代資本主義的な生産様式に見合った家族形成の方式というだけでなく、かけがえのない存在になり合うという人間のもっとも深い欲求にかなりよく見合った制度だというべきでしょう。

こうした、人間がエロス的存在であること、自意識的存在であること、したがってかけがえのない存在となり合う恋愛と、かけがえのない家族を形成するための結婚には、ただ人間が歴史的にたまたまでっち上げたというより、もっと深いいわば宇宙進化の方向性という根拠があると思うのです。

そして恋愛と結婚と家族は人間にとって宇宙的根拠を持ったきわめて重要なものであるからこそ、

それからの逸脱としての売春は好ましくないのです。生理的欲求と心理的欲求をうまく統合できていない、強い性欲を抱えた男たち（そういう女性もいるようですが）にとっては、とりあえずやむをえない必要悪だということを認めるとしてもです。

売春をするということは、金によって自分の女性としての身体を使用させるということですが、いうまでもなく、それはたとえ一時的とはいえ、基本的には誰でもいい、代用可能な、つまりいくらでもかけがえのある存在になるということです。事実、「かけがえのない存在」であり、心の深いところでは「かけがえのない存在でありたい」と願っており、そして誰かから「かけがえのない存在である」と思われているかもしれない（不幸にしてそうでない場合もあるでしょうが）にもかかわらず、取り替え可能な商品として自分の女性性を売ることは、人間という存在、自分の本心、そして自分を愛してくれている人のすべてを裏切ることになります。だからいけないのです。

そして、人間に心・意識があるということは、ただそれだけではなく、過去を記憶して懐かしんだり、悔んだりしながら、未来を予想して希望を持ったり、不安になったりしながら、現在を喜んだり悲しんだりしながら生きる存在だということです。人間は、過去―現在―未来のつながりの中で生きていて、今だけを生きることはできません。

自分を取り替え可能な商品として売ったという記憶は、必ず心の奥底に残ります。しておきながら、記憶を消すということは、原理的にできない相談なのです。忘れる、つまり抑圧することはできても、心の奥底には記憶は必ず残っています。売春を重ねるたびに、記憶は積み重なるのです、

「金さえ払えば好きなようにできる、どうでもいい存在だ」というふうに扱われた記憶が。だから、「一回やってしまえば、もう後は同じ」ではありません。たとえしたとしても、なるべく早くやめたほうがいいのです。

それだけではありません。売春は買春とセットであり、売買春は、売る側も買う側も、金さえくれれば誰でもいい、セックスさえできれば誰でもいいという、代用のきくものになり合うということです。そこでは、たとえ本人たちの合意の上であっても、人間の意識の深いレベルの本質に対する裏切りが行なわれているのです。もちろん人間は、自分をも人をも裏切ることのできる存在であることは確かです。しかし、できるということは、していいということではありません。

## なぜ少女売春が特にいけないのか

さて最後に、少女売春が成人女性の売春よりもっと悪いというのは、なぜでしょうか。それは、少女が成人女性よりもまだ未成熟であり、可能性の存在だからです。といっても、よくいわれるように、高校生くらいの年齢ではまだ自分のやったことの責任を取りきれないとか、将来のことを予測して自己決定する能力がないといった理由だけではありません。

売春をしている少女たちの聞き取り調査への回答を読むかぎり、少女たちには、自分を超えたより大いなる何ものかはもちろん、日本社会や家族などとの「つながり感覚」が、ほとんどまったくといっていいほど失われているようです。これまた、もちろんのことですが、自分の命が先祖から伝えられたものだということもまったく自覚されていません。さらに、個人としても、過去を背負いながら、未来に向かって、現在を生きているという時間の連続性＝つながりの感覚がないように見えます。自分の未来をどう豊かなものにしていくかというヴィジョン・希望をも見失っているのではないでしょうか。

そうしたつながりの事実をきちんと教えられず、したがって気づかないまま、あまりにも早く大人と同じような錯覚に陥って、「私の体を私がどうしようと、私の勝手でしょ」と思って、人間の本質を裏切るのは、まず当人にとってきわめて不幸なことです。すでにお話ししてきたように、人間の原点には自由ではないことがあるのです。

生きているかぎり水を飲まない自由や権利などないように、幸福に生きるためには自分をかけがえのない存在と思うことが不可欠なのです。男性から、女性としての自分をかけがえのない存在と思ってもらうためにも、男性を女性としての自分にとってかけがえのない存在と思うためにも、売春の経験と記憶は、どう考えても、大きなマイナスになるのです（一度でも売春をしたら絶対にそうなれないというのではありませんが、間違いなく困難になるでしょう。「男はあんただけじゃないよ」「女はおまえだけじゃないぞ」という関係を続け、その体験が心の奥深く記憶されざるをえないのですから）。

もちろん恋愛や結婚や家庭は、人生のすべてではありません。それなしにでも、個人としてはよく生きることができることもあります。しかし、人間の性の条件、意識の本質、そして命の持続、どの面から見ても、非常に重要なことであることは確かです。

まず少女売春は、よい恋愛・結婚をし、よい家庭を作る可能性を無自覚的に壊していくことになり、幸福になる可能性をきわめて低くしていくから、本人にとっていけないのです（もっと自覚的な年齢になり、恋愛・結婚・家庭とそれ以外の可能性を十分に比較検討した上で、あえて別の選択をするのなら、かまいませんし、また自覚的であるべき年齢になった後で、それでも不幸になるかもしれない道を自覚的・無自覚的に選択することは、いちおうやむをえないことですが）。

そしてそれだけではありません。人間の女性として生まれたということは、可能性として母になる可能性を与えられているということです。もし女性全員が、自分の好きなように生きるには邪魔になるからといって、子どもを生み育てること、つまり母になること、母であることを放棄したら、人類は滅びるのです。自分自身、母のお蔭で生まれてきたわけで――必ずしも自分には満足な母ではなかったとしても――自分の命を肯定するのなら、母が母であったことも肯定すべきですし、そしてやがて自分が母になることも肯定すべきではないでしょうか。

といっても、非行・少女売春の場合、母と子の関係が壊れていることが多いようで、そこにも大きな問題があるのですが、ここでは紙数の関係もあって論じきれません。ただ、自分の母が母らしくなかったとしても、自分が母らしくなることはできるし、なるべきなのではないでしょうか。母と子という命と心のつながりが切れかかっているのを修復することは、宇宙的・生命史的な深い意味があることなのです。

いずれにせよ、女性には三十五億年あるいは数百万年という命のつながりを直接に維持していくという、すばらしい仕事が宇宙から託されているといっていいのではないでしょうか。それは、他のどんな自己実現的な仕事にも劣らない、人類にとってもっとも基本的に重要な仕事なのです。それ以外の仕事をすべきではないというのではありません。しかし、原理的にいって、それが宇宙から女性に託された最大の仕事であることは間違いないと思うのですが、どうでしょうか。母という仕事には、宇宙的な意味があります。女性が女性の本質的な仕事を軽視したり、放棄したりしたら、それこそ子どもに大変な迷惑をかけることになりますし、大きな視野から見ると社会全体、人類全体に迷惑をかけることにもなるのです。

少女売春は、よい恋愛・結婚をし、よい家庭を作って、子どもを健全に育てるという、女性の本質的な仕事を無自覚のまま放棄したり壊したりしていくことにつながっており、直接間接にいろいろな人に迷惑をかけることになり、さらには女性としての宇宙的な意味を無視することだから、いけないのです。

## 価値観を伝える義務と権利

子どもの危険や不幸、あるいは他者に迷惑をかけることが確実に予想される場合、親・大人にはそれをとめるいわば養育の義務と権利があると思います。親として、子どもにしつけをし、社会常識を教え、さらには人間として本質的なはずれてはならない道を教えることは、親・大人の義務でありかつ権利なのです。子どもが未成熟のうちに自分勝手に振舞うことは、本人の権利の行使のように見えて、実はあえていえば親・大人の養育・教育権の侵害ではないでしょうか（親の養育・教育について権利などという言葉まで使わなければならないのは、悲惨な状況というほかありませんが）。

つけ加えていえば、少女たちがよく口にする「誰にも迷惑をかけてない」という言葉ですが、周りの人に心配をかけ、悲しませ、耐えがたい心の痛みを与えても、それでも「迷惑をかけてない」というとしたら、何という物質主義でしょう。お金の負担をかけていなければ、心の痛みは「迷惑」ではないのでしょうか。そこまで、心のつながりを見失ってしまっているとすれば、その責任は親・大人にも大きくあるでしょう。しかも個々の親や大人というよりは、「ばらばらコスモロジー」という錯覚に陥って、お金やお金を稼ぐ仕事がすべてという価値観を教えた、戦後日本社会の大人全体の責任が決定的に大きいでしょう。

しかし親には子どもをきちんと育てる義務と同時に権利もあることを、子どもに改めて伝えましょう。親には、心配する権利、叱る権利、正しく生きさせる権利、とりわけ愛する権利があるのです。そして、愛する権利の中には子どもが健全に育ち、そこそこ幸福になれそうだと安心する権利も含まれてはいないでしょうか。

それは、確かに下手をすると、親の価値観を押しつける親のエゴの口実になりかねません。しかし親の価値観がただ自分勝手なものではなく、社会の価値観やさらに高次の本質的な価値観につながっているかぎり（本当にそうかどうか、現代の親はきびしく己れを問い直す必要があるとは思いますが）、親は子にその価値観を伝える義務と権利があるのです。そして、直接の親がそれを伝えられないとしても、大人たちが親代わりに伝える義務と権利もあるのではないでしょうか。

何よりも、「自分勝手」に振舞うことは、まわりの人にも、社会にも、人類にも、宇宙にも「迷惑をかける」ことであり、そんな不毛な生き方をしなくても、もっとすてきで意味のある「つながりコスモロジー」的な生き方ができるということを伝えましょう。「そうしてはいけない」というメッセージよりも、「こうしたほうがいい」というメッセージのほうが、よく伝わることが多いようですから。

それにしても、この「つながり感覚」の喪失とヴィジョンのなさは、日本の大人・指導者全体にいえることで、彼女たちには、戦後日本の「ばらばらコスモロジー」という病いに感染させられた被害者であるという面もあり、責任の及びきらないところがあります（年齢相応の責任はあるとしても）。しかも、彼女らの性を買うのはほとんどが大人の男性のようですから、その倫理的責任のほうがきわめて重いというほかありません。

しかし責任が誰にあるかを問うことは、あまり問題の解決につながらないようです。問題を解決したいのなら、解決したいと思う人間が、可能なかぎり努力してみるしかありません。私の発言もそうした努力の一部です。語り尽くせていないことがまだ残っていますが、ここまでにしておきます。解決したいという願いを共有する方からの、感想、質問、反論をいただけると幸いです。

筆者は、本文中で述べたような本当に新しい時代を拓くためのコスモロジーの創造に向けて、唯識・禅を中心とした仏教、神仏儒習合の伝統、ウィルバーの思想、トランスパーソナル心理学などを学ぶ場として、サングラハ教育・心理研究所オープン・カレッジという講座を開設しています。関心のある方は、左記にお問い合わせください。案内を差し上げます。

サングラハ教育・心理研究所
〒二五一―〇八六一　藤沢市大庭五〇五五―六一二―一八―一八三一
TEL&FAX　〇四六六―八六一―一八二四
E-mail okano@smgrh. gr. jp
http://www.smgrh. gr. jp

## 初出一覧

序・日本人の心はなぜ荒廃したのか　（書き下し）

I
〈宗教〉に未来はない　（『imago』青土社、一九九五年八月）
宗教対話から宗教融合へ　（『宗教と文化』人文書院、一九九四年一〇月）
宗教から霊性へ　（『新宗教新聞』一九九六年一月、一九九六年四月～一九九七年三月）
II

禅と深層心理学　（『禅と現代』秋月龍珉編、平河出版社、一九八六年九月）
禅とトランスパーソナル　（『大法輪』大法輪閣、一九九六年三月）
トランスパーソナルの可能性　（『imago』青土社、一九九三年七月）
自己実現のパーソナリティ　（『imago』青土社、一九九〇年四月）
日本の伝統とトランスパーソナル　（『サングラハ』第27号、サングラハ心理学研究所、一九九六年六月）
唯識は二十一世紀を拓く　（『サングラハ』第41号、サングラハ心理学研究所、一九九八年九月）

III

コスモロジーの創出のために　（『季刊仏教』法藏館、一九九八年十月）
少女売春と殺人―なぜいけないのか　（『サングラハ』第43号、サングラハ心理学研究所、一九九九年一月）

**岡野守也**（おかの　もりや）

1947年生まれ。関東学院大学大学院神学研究科修了。キリスト教牧師として出発し、出版社勤務を経て、現在サングラハ教育・心理研究所主幹。編集者としてトランスパーソナル心理学をはじめ新たな思想潮流をわが国に紹介、現在はオープン・カレッジを主宰するほか、執筆・講演など多彩な活動を展開する。
著書『トランスパーソナル心理学』『唯識のすすめ』『大乗仏教の深層心理学』ほか多数、訳書に『人生に奇跡をもたらす７つの方法』などがある。

コスモロジーの創造
―禅・唯識・トランスパーソナル―

二〇〇〇年六月一〇日　初版第一刷発行
二〇一〇年六月三〇日　初版第五刷発行

著　者　岡野守也
発行者　西村明高
発行所　株式会社　法藏館
京都市下京区正面通烏丸東入
郵便番号　六〇〇-八一五三
電話　〇七五(三四三)五六五六
振替　〇一〇七〇-三-二七四三

印刷・製本　亜細亜印刷株式会社

ISBN978-4-8318-7259-3　C1014
乱丁・落丁本の場合はお取り替え致します